KB266608

참된 목회

개혁주의 목회 신학과 실천

An Authentic Pastoral Ministry Manual: Reformed Pastoral Theology and Ministry

참된 목회: 개혁주의 목회 신학과 실천

발 행 일 2026년 4월 30일

지은이 한태일
편   집 구부회
발 행 처 도서출판 담아서
주   소 경기도 시흥시 배곧3로 27-8

등록번호 제2026-000016호

ISBN 979-11-94121-70-1(03230)

독자의 의견을 기다립니다. damaserbooks@naver.com

개혁주의 목회 신학과 실천

참된 † 목회

An Authentic Pastoral Ministry Manual: Reformed Pastoral Theology and Ministry

한태일 지음

목차

머리말

　교인들 숫자가 많든, 적든 중요한 것은 목회자가 하나님 앞과 사람들 앞에 부끄럼 없이 신실하게 받은 소명대로 영혼들을 사랑하고 섬기며, 복음을 전하고 양육하는 교회를 세워 온 세상을 변화시키는 사명을 감당하는 것이 개혁주의의 참된 목회다.

　오늘날 교회가 겪는 여러 가지 위기 속에 성령님의 인도와 역사가 있는 참된 목회가 절실하게 필요하다. 형식주의, 세속주의, 혼합주의, 이성주의, 물질주의 등 사탄 마귀의 영향을 받아 교회가 교회답지 못하게 하여, 어느 때보다도 개혁주의 참된 목회가 요구된다. 인간의 지혜나 경영이 아닌, 올바른 성경해석에 근거한 하나님 말씀 중심의 목회가 회복되어야 한다. 청교도 목사들의 목회를 본받아야 한다.

　이 책은 목회자와 신학생 그리고 교회 지도자들에게 '개혁주의 말씀과 영성, 목양의 실천이 조화를 이룬 목회'를 위한 지침서로 쓰임을 받기 원한다. 1부에서는 말씀 중심의 목회로 참된 목회의 기초와 구속사적 강해설교 준비, 그리고 귀납법적 개인 성경 공부 다룬다. 2부에서는 실제 교회를 세우기 위한 전략과 행정으로 구체적인 행정, 그리고 전도와 양육을 다룬다. 3부에서는 목회자의 인격과 영성으로, 그의 영적 리더십과 심방과 상담, 교회 안의 갈등 해소 방안을 다룬다. 4부에서는 목회자 가정과 삶을 주제로 건강한 부부생활과 쉼과 회복을 다룬다. 끝으로 5부에서는 참된 목회의 본질을 다루며 결론을 맺는다.

2년 동안의 기성 교회에서의 담임목회 후, 1994년 한 사람과 개척하여 30년 8개월을 한 교회를 섬긴 후 은퇴하면서 하나님의 은혜로 유종의 미를 거둘 수 있었기에, 지난 32년 넘는 담임목회 경험 속에서 배운 목회의 본질과 이렇게 목회를 해야 하나님이 기뻐하시는 참된 목회가 되리라 믿고, 앞으로 목회를 할 신학생들, 혹은 후배 목회자들과 나누며 격려와 위로를 하고 싶다.

이 책을 통해 그런 은혜가 넘치기를 간절히 축원하며,

주후(A.D.) 2026년 01월

한태일 목사

Rev. Nathan Hahn, Ph.D

제1부

말씀 중심의 목회
(The Word-Centered Ministry)

1장

참된 목회의 기초
(말씀과 성령의 사역)

1. 목회란 무엇인가?

목회는 단순히 교회를 관리하거나, 사람을 돌보는 조직적 활동이 아니다. 목회는 하나님께서 말씀과 성령으로 행하시는 사역에 참여하는 일이다. 참된 목회자는 '자신 스스로 일을 하는 사람'이 아니라, '하나님께서 하시는 일을 말씀과 성령 안에서 함께 영혼들을 섬기는 사람'이다.

사도 바울은 "우리는 하나님의 동역자요, 하나님의 밭이요, 하나님의 집이라"(고전 3:9)고 하였다. 이 말은 목회가 인간의 능력으로 교회를 유지하거나 성장시키는 사역이 아니라,

하나님이 주도하시고, 목회자는 도구로 쓰임 받는 사역임을 분명히. 말씀을 전하는 자는 하나님이 일하시는 통로요, 성령은 그 말씀을 통해 영혼을 변화시키는 능력이다.[1]

---

[1] 말씀 사역이 가장 두드러지게 나타나는 것이 정규적인 예배 시간이다. 예배 때마다 온 성도들이 하나님을 만나며, 하나님의 은혜가 충만하여 그 영광을 드러내는 참

2. 설교, 행정, 돌봄, 리더십이 모두 '말씀 사역'이다.

많은 이들이 설교만을 말씀 사역으로 이해하지만, 개혁주의 신학은 목회의 모든 영역이 하나님의 말씀에 뿌리내려야 함을 강조한다.

- 설교(Preaching)는 말씀이 가감이 없이 선포되어 하나님의 뜻이 드러나는 메시지이다.[2]
- 행정(Administration) 은 교회의 질서를 세우며, 말씀의 원리를 실천하는 통로이다.
- 돌봄(Pastoral Care) 은 말씀의 위로와 교훈으로 영혼을 치유하는 사역이다.
- 리더십(Leadership) 은 말씀의 인도로 교회를 인도하는 영적 권위다.

신구약 성경 말씀이 없는 설교는 감정의 울림에 불과하고, 성령이 역사하지 않는 행정과 돌봄, 리더십은 그저 인간적으로 조직을 관리하는 것뿐이다. 참된 목회는 "말씀의 질서"와 "성령의 생명

된 예배가 되도록 힘써야 한다. 저자의 책 "참된 신앙생활"(도서출판 담아서)의 제3장을 참고하라.

2 설교가 은혜로와 성도의 가슴에 잘 박힌 못이 되려면, 설교 전의 찬양이 너무 중요하다. 예배를 위한 찬양팀의 찬양인도와 설교 전의 찬양대(성가대)의 찬양이 성도들에게 은혜를 끼치게 되면 그들의 마음이 열리게 된다. 예배를 위한 찬양의 중요성은 아무리 강조해도 지나치지 않다. 그러므로 목회자는 찬양팀 인도자나 찬양대 지휘자에게 미리 설교 본문과 제목을 알려주어야 한다.

력"이 함께 하는 사역이다.

칼빈은 제네바 강단에서 이렇게 가르쳤다.

> 하나님께서 오늘도 말씀하신다. 설교자는 입술일 뿐이며, 말씀을 통해 역사하시는 분은 성령이시다.[3]

3. 개혁주의 신학에서 보는 목회자의 정체성

개혁주의는 목회자를 "말씀의 종(Servant of the Word)"으로 규정한다. 그는 하나님의 뜻을 자기 생각으로 해석하지 않고, 성경의 권위 아래 순종하며, 하나님의 말씀을 성도에게, 성도의 기도를 하나님께로 올려 보내는 중보자적 직무를 수행한다.

따라서 목회자는 교회의 관리자(administrator)가 아니라, 하나님의 대언자(messenger of God)이며, 예수 그리스도로부터 보냄을 받은 자(ambassador)이다. 그의 입술을 통해 하나님이 말씀하시며, 그의 삶을 통해 성도들이 하나님의 성품을 배우게 된다.

개혁주의 목회관은 이렇게 요약할 수 있다. '목회자는 복음을 선포하고, 성경을 가르치고, 말씀을 따라 교회를 세우며, 성령의 인

---

3 John Calvin, *Institutes of the Christian Religion.* Edited by John T. McNeill. Translated by Ford Lewis Battles. 2 vols. Philadelphia: Westminster Press, 1960. IV.1.5 "When the Word of God is preached, the voice of God Himself is heard."

도하심 안에서 교회와 세상을 섬기는 자이다.'

결국, 참된 목회는 '말씀과 성령이 교회를 세우고, 영혼들을 살리며, 목회자는 그 인도함에 자신을 완전히 맡기는 믿음의 순종'이다.

* 묵상 질문

1. 나는 지금까지 목회를 '하나님의 사역'으로 인식하며 해왔는지, 아니면 내가 주도하는 사역으로 여겨왔는가?

2. 나는 지금 하나님께서 하시는 일을 '지켜보며 순종하는 자'로 살고 있는지, 아니면 내 일을 하나님께 부탁하는 자로 살고 있는지?

3. 나의 설교, 행정, 심방, 리더십 중 어느 영역이 가장 말씀에서 멀어져 있는가?

4. 내가 하는 행정은 말씀의 질서를 세우는 도구인지, 아니면 사람의 편의와 효율을 우선하는 관리인지?

5. 나는 성도들을 돌볼 때 말씀의 위로로 섬기는지, 아니면 인간적 동정과 조언에 머물고 있는가?

6. 나는 나 자신을 '관리자'로 더 많이 인식하는지, 아니면 '말씀의 종'으로 더 깊이 인식하는가?

7. 내 입술을 통해 정말로 하나님이 말씀하시고 계신지, 아니면 내 해석과 감정이 더 많이 흘러가고 있는지 하나님 앞에서 점검하는가?

═══ 2장 ═══
구속사적 강해설교 준비

1. 말씀의 구속사적 해석과 설교[4]

1) 개혁은 강단에서부터 시작된다.

설교는 목회자에게 주어진 하나님의 특권이며 축복이며 은혜이다. 목회는 설교 사역이 전부라 해도 과언이 아니다. 그리고 개혁주의 설교는 하나님의 말씀인 성경을 올바르게 선포하고 가르치는 것을 가장 중요한 가치로 생각한다.

2) 구속사적 강해설교가 설교 중에는 가장 개혁주의 성경적이다.

일찍이 Richard Lischer는 말하기를 "설교는 신학의 마지막 표현

---

4 한국칼빈주의연구원(The Institute for Calvinistic Studies in Korea) 정성구 박사 "개혁주의 설교" 강의 참조

이다"라고 했다.[5] 결국 설교도 신학의 문제라고 말하고 싶다. 그리고 설교 방법 중에서 강해설교를 해야 한다. 하지만 강해설교도 설교자가 가지고 있는 성경관과 신학에 따라서 얼마든지 다른 방향으로 갈 수 있다. 그래서 강해설교를 설교 방법 중에 제일 좋은 방법으로 생각하면서도, 구속사적인 관점에서 성경을 이해하고 해석한다면 최고라고 생각한다. 구속사적 강해설교를 해야 성경적이며 복음적 설교를 바로 할 수 있을 것이라고 확신한다.

3) 구속사적인 시각은 성경을 보는 눈이 열리게 한다.

그러면 구속사적 강해설교 이외의 것은 모두 비성경적이며 적절치 못한 것인가? 혹은 구속사적 설교가 성경을 해석함에 있어서 서사적, 사회적, 문법적, 역사적 해석을 등한시하고, 쉽게 설교자의 판단에 의해서 본문의 뜻이 결정되는데 대한 부정적 시각도 있다. 하지만 첫째 질문은 아무 문제 될 것이 없다. 설교의 방법에는 여러 가지 방법이 있지만 그중에서도 구속사적으로 성경을 보아야 한다는 뜻이고, 특히 역사적 본문을 가지고 설교할 때 역사의 배후에 움직이시는 하나님의 구속의 섭리를 깨달아야 한다. 성경역사는 하나님이 인간을 향한 구속사이다. 성경전체의 주제를 파악하고, 본문을 해석해야 한다. 주제 설교나 예증 설교가 모두 불

---

5 cf. Richard Lischer, *A Theology of Preaching: The Dynamics of the Gospel, Durham,* NC: Labyrinth Press, 1992, Chapter 1

필요하다는 뜻이 아니다. 특별히 절기를 맞이하면 주제 설교가 될 수밖에 없다. 하지만 그 때도 분문에 충실한 설교를 해야 한다.

또 둘째 질문도 역시 문제 될 것이 없다. 왜냐하면 구속사적 강해설교를 하는 설교자는 서사적, 사회적, 문법적, 역사적으로 해석하는 기본적인 방법을 충분히 사용하기 때문이다. 성경의 문법이나 문장의 전후 관계나 당시의 역사적 상황 이해와 함께 성경저자가 그 말씀을 통해서 계시하고자 하는 하나님의 구속사의 흐름과 뜻을 염두에 두어야 한다.

그러면 구속사적 설교를 말하기 전에 구속사(Redemptive History)란 무엇인가 하는 문제가 풀어져야 한다. 성경은 다른 종교의 경전과는 본질적으로 다르다. 다른 종교의 경전도 인간의 삶에 대한 유익한 교훈이며 윤리적이며 도덕적인 것이 사실이지만, 그것은 구원의 진리도 아니고 하나님의 계시가 아니다. 성경만이 살아계신 하나님의 말씀이며 하나님의 계시이므로, 신구약 성경을 하나님의 영감으로 기록된 신적 권위를 가진 것으로 인정하지 않는 사람은 처음부터 개혁주의 성경적 설교나 구속사적 강해설교를 할 수 없다. 다시 말하면 성경이 하나님의 무오의 말씀이고, 하나님 자신이 인생을 구원하기 위한 위대한 계획을 세우시고, 그 계획하신 구원운동을 위해서 이스라엘 역사에 개입하시고, 선지자들과 사도들을 간섭하여 구원사역을 이루어 가심을 믿어야 한다.

4) 계시 - 세계역사의 중심은 예수 그리스도이다.

신약과 구약은 통일성이 있고 연속성이 있다. 개혁주의 성경신학은 항상 성경의 통일성과 역사성, 특히 계시의 역사성을 기초하고 있다. 즉 하나님은 태초부터 자신을 계시하시고, 인간이 죄로 말미암아 타락하였을 때 인간을 구원하시기 위한 위대한 계획을 세우시고, 역사가 진행됨에 따라서 점차적으로 풍성하게 발전되면서 계시되었다. 그런데 이 계시의 중심이 우리의 구속주이신 예수 그리스도이다.

그러므로 우리는 계시의 중심에 예수 그리스도가 있으며, 세계 역사의 중심에도 예수 그리스도가 있음을 확신한다. 그래서 달력도 BC(Before Christ)와 A.D.(Anno Domini, In the Year of the Lord)로 되어 있다. 구약성경 전체 계시는 오실 메시아이신 예수 그리스도에 대한 계시이며, 신약은 오신 예수 그리스도와 다시 오실 예수 그리스도의 계시다. 다시 말하면 성경은 이스라엘 역사의 일반적이고 자연적 사건의 연속이 아니고, 창조주 하나님께서 그리스도 안에서 인간을 구속하시기 위하여 역사를 주관하시며 섭리하시는 하나님의 특별한 구원의 역사이다. 그래서 구속사적 해석의 초점은 예수 그리스도를 중심으로 신구약의 통일성과 점진성, 연속성이 전제된다.

5) 하나님은 이스라엘을 택하시고, 그들의 역사에 개입하셨고, 그들을 통해 메시아가 도래하게 하셨다.

어떤 이들은 성경을 읽고 깊은 기도와 묵상을 통해서 감동을 받아 성령의 인도를 받는 체험적임 설교를 한다고 한다. 그러나 영적 감동을 받는 것도 중요하지만, 성경을 잘 이해하고 성경에 나타난 하나님의 구속역사의 흐름을 깨닫는 것이 설교자의 훨씬 중요한 책임이다. 설교자가 하나님의 말씀의 사자라고 한다면, 성경의 내용을 가감하면 안 된다. 내 방식대로, 내 느낌대로, 내 체험대로의 해석은 위험하다. 한걸음 더 나아가서 비록 서사적, 사회적, 문법적, 역사적 해석을 했다고 해도 그 말씀이 성경 전체의 주제 속에서 잘 이해되어야 한다. 그러므로 우리가 성경을 구속사적으로 보려는 것은 성경의 구조 자체가 그러하기 때문이다.

"아브라함과 다윗의 자손 예수 그리스도의 세계"(마 1:1)라고 했다. 이스라엘의 역사를 잘 아는 독자 유대인들을 향한 마태의 복음서는 아브라함에서 예수 그리스도까지 이어지는 위대한 구속의 역사를 이어주고 있다. 즉 아브라함을 선택하신 것이 메시아이신 그리스도의 도래를 위함이고, 또 그 가운데 다윗의 후손을 통해서 메시아가 도래할 것이라는 메시지이다. 이것은 신구약 성경의 구조가 철저히 예수 그리스도 중심이며, 그것은 곧 하나님의 구속사의 흐름이라는 것을 잘 말해주고 있다. 그러므로 성경을 구속사적으로 해석하고 구속사적으로 설교해야 하는 것은 지극히 당연하다.

예를 들면, "빌립이 나다나엘을 찾아 이르되 모세가 율법에 기록하였고 여러 선지자가 기록한 그이를 우리가 만났으니 요셉의 아들 나사렛 예수니라"(요 1:45)고 했다. 예수님의 제자, 빌립이 나다나엘에게 전도하면서 요단강에서 세례를 주고 병 고치는 이적을 베푸는 것을 말할 때 "율법에 기록하였고 선지자가 기록한 그이"라고 말함으로 구약의 중심이 예수 그리스도이며, 이스라엘 역사가 하나님의 구속의 역사임을 밝히고 있다. 뿐만 아니라 예수님 자신도 성경해석을 구속사적으로 하고 있다. "너희가 성경에 영생을 얻는 줄 생각하고 성경을 상고하거니와 이 성경이 곧 내게 대하여 증거하는 것이로다"(요 5:39)라고 했다. 그러므로 성경에 대한 구속사적인 해석은 성경 말씀 자체가 요구하고 있다.

2. 구속사적 설교의 근원

목회자가 강단에서 설교하는 것은 일반적인 교훈 혹은 도덕적 (윤리적) 강연을 하려는 것이 아니고, 교인들에게 하나님의 구원의 메시지를 선포하고, 영적 생명을 불어넣고, 그리스도의 은혜에 사로잡히도록 하는 것이다.

1) 구약의 역사적 사건을 하나님의 구속역사 시각으로 보라.

사도행전 7장에서 스데반의 설교는 '이스라엘의 모든 역사는 그

배후에 있는 하나님의 전능하신 손길과 능력으로 되었다'는 사실을 전한 것이다. 사도행전 7장을 구약의 총론으로 볼 수 있는데 스데반은 구약의 역사적 사건을 하나님의 구속사로 보고 있다. 사실 사도행전을 쓴 의사 누가의 핵심은 베드로나 바울의 위대함을 기록하려는 것이 아니고 하나님께서 어떻게 바울과 베드로 등의 사람들을 도구로 사용하시는지, 주님의 몸 된 교회가 어떻게 세워졌으며, 어떻게 이방인들을 위한 선교적 사명을 감당했는지를 밝히고 있다. 말하자면 사도들이 중심이 아니고 하나님의 섭리와 성령의 능력에 있다.

그리고 히브리서도 구약의 총론이라고 할만하다. 특히 히브리서 11장은 구약 전체의 역사를 구속사적으로 보는 눈을 뜨게 한다. 특히 "믿음으로 모세는 장성하여 바로의 공주의 아들이라 칭함을 거절하고 도리어 하나님의 백성과 함께 고난 받기를 잠시 죄악의 낙을 누리는 것보다 더 좋아하고 그리스도를 위하여 받는 능욕을 애굽의 모든 보화보다 더 큰 재물로 여겼으니 이는 상 주심을 바라봄이라"(히 11:24-26)고 했다. 이 본문은 구약의 강해설교로 볼 수 있는데, 철저히 하나님의 구속사적 시각에서 해석하고 있다. 모세가 애굽의 부귀영화를 마다하고 하나님의 백성과 더불어 고난 받기를 원한 이유를 장차 오실 그리스도를 바라봄이요, 예수 그리스도 때문에 고난 받는 것이 세상의 그 어떤 것보다 축복이라고 한다. 히브리서 기자는 모세의 삶과 골고다를 연결시키고 있다. 모세는 장차 오실 예수 그리스도를 바라봄으로 자기 백성들과 고락을 같이 할 수 있음을 보여 주고 있다.

2) 종교개혁자들에 의해 구속사 해석의 길이 열렸다.

사실은 종교개혁 전까지는 이런 성경의 구조를 제대로 알지 못했다. 그러나 루터나 칼빈은 성경을 구속사적 시각에서 보았다. 칼빈은 말하기를 "사도 바울은, 성경은 의심할 바 없는 진리이지만 모세가 위대한 웅변가였다거나 이사야가 위대한 인물이었다는 것을 말하지는 않는다"라고 했다.[6]

다시 말하면 칼빈은 구약을 가지고 설교하던 신약의 인물들, 특히 바울은 구약이 인물과 사건을 통해서 오직 하나님께만 영광과 존귀를 돌릴 뿐, 인간은 다만 성령이 쓰시는 도구에 불과하다는 것이다. 그래서 칼빈은 생각하기를 설교자의 임무는 인간의 기호에 맞추는 것이 아니라 주께서 말씀하신 것을 선포하는 것이라 했다. 그리하여 교회는 종교개혁 이후 1,400여 년 동안 잃었던 강단을 다시 찾았다. 종교개혁은 곧 성경의 재발견이자 강단의 회복이라고 할 수 있다. 종교개혁은 루터와 칼빈 등 개혁주의자들을 통해서 오직 성경(Sola Scriptura)의 확신을 갖게 하고 중세시대의 풍유적(allegorical) 해석에서 벗어나서 구속사적인 시각에서 성경을 보기 시작했다.

---

6   John Calvin, "Corpus Reformatorum," 79:783.

3) 18세기의 자유주의가 교회를 쇠퇴하게 했다.

하지만 종교개혁이 정착되고 각 나라마다 개혁주의 신학과 신앙이 정착되었을 때 18세기 초 유럽에는 이른바 계몽주의 사상이 일어났다. 칸트의 계몽주의 사상은 곧 합리주의 사상이며 인본주의 사상을 주장했다. 인간 이성에 맞는 것이 진리이고 인간 이성으로 이해되지 않는 것은 배척했다. 그런데 18세기와 19세기에 홍행했던 계몽주의 사상이 교회 안에 깊숙이 들어와서 신학은 자유주의가 득세했다. 당시 자유주의자들의 주장은 성경의 이적을 믿지도 않고 성경의 초자연적 역사를 모두 거부했다. 그 결과 신학의 자유주의는 교회의 쇠퇴를 가져왔다.

4) 개혁주의자들은 구속사적 설교를 했다.

그런데 1차 세계대전이 끝나고 2차 세계대전이 시작될 무렵 교회에는 여러 가지 반성이 있었다. 1935년에 화란의 칼빈주의 철학자 H. Dooyeweerd(1894-1977)와 D. H. Vollenhoven(1892-1977) 등이 칼빈주의 철학회를 만들었다. 이 칼빈주의 철학회에 속한 사람들은 철학에 관심이 있는 것이 아니라, 도리어 성경은 무오의 하나님의 말씀이며, 성경만이 신학과 신앙과 삶의 유일한 표준이라고 확신했다. 특히 성경을 설교할 때 과거의 풍유적(allegorical) 설교를 버리고 신구약의 통일성과 계시의 충족성을 강하게 믿을 뿐 아니라, 역사의 배후에 하나님이 계시고, 하나님께서 죄인들을 구속하시기 위해서 위대한 계획을 세우시고, 구속운동의 마지막 목표인 구속주 예수 그리스도가 다시 오시기까지 섭리하시며 간섭하시는 하나님의 손길을 볼 줄 알게 되었다. 그리고 그들은 교회의 개혁은 바로 강단의 개혁이며, 강단의 개혁은 바로 구속사적인 설교에서 찾고자 했다. 물론 이런 구속사적 설교에 대해서 기존의 주제 설교자들과 예증 설교자로부터의 반발도 만만치 않았다. 그러나 구속사적 설교자는 주제설교나 예증설교가 잘못되었다는 것이 아니었고, 어떤 형식의 설교이기 전에 성경을 보는 바른 시각이 열려 있기를 바라는 것이었다.

3. 예증적인 설교(Exemplary Preaching)에 대한 반성

1) 교회사는 곧 설교사이다.

19세기 말과 20세기 초의 미국 신학자 Edwin Charles Dargan은 말하기를 '교회사는 곧 설교사'라고 했다.[7] 교회의 참된 부흥은 바로 올바른 설교의 회복에 있다는 것이다. 즉 하나님의 말씀이 강단에서 옳게 설교된 때가 바로 교회의 성장기였고, 반대로 하나님의

---

7 Edwin Charles Dargan, *A History of Preaching*, Vol. 1: From the Apostolic Fathers to the Great Reformers, New York: A.C. Armstrong & Son, 1905, Introduction(approx. p. 21).

말씀이 바로 증거 되지 못하고 의식적이고 형식적인 종교가 되었을 때는 교회의 세속화와 타락이 왔다. 예를 들면 바울, 베드로, 크리소스톰, 어거스틴, 암브로스, 버나드, 위클립, 루터, 칼빈, 낙스, 에드워드, 조지 휫필드, 카이퍼 등의 설교는 그들의 조국과 민족을 넘어 세상에 영적부흥에 절대적인 영향을 끼쳤다.

2) 구속사적 설교는 예증적(모형적) 설교의 반성에서 나왔다.

구속사적 설교를 말하고자 할 때 비교되는 것이 예증적 설교이다. 즉 구속사적 설교는 예증적 설교 또 모형적 설교에 대한 반성에서 출발한다. 예증적 설교는 전 세계 모든 설교자들이 공통으로 늘 쓰고 있는 설교의 방법이다. 예증적 설교 또는 모형적 설교 방법은 그 기원이 언제인지 정확히 알 수 없으나, 기독교 초기에서부터 20세기에 이르기까지의 설교 방법이었다.

역사적으로 Clement는 성경을 "윤리적 모범을 보여 주는 책"(a book of ethical models)이나 "모형전시장"(picture gallery)으로 생각했다.[8] 또 Justin Martyr는 주장하기를 "설교가들은 역사적 본문을 즐겨 선택하고 청중들로 하여금 그것을 좋은 본보기로 제시하여 따르도록 한다"라고 했다.[9]

---

8 J. S. Whale, *Christian Doctrine,* London: Cambridge University Press, 1941, p. 52.
9 Cf. F. W. Farrar는 *History of Interpretation*(1886), p. 108 에서 "The early preachers loved to choose historical passages and to hold them up as

이처럼 성경에 대한 예증적 설교 또는 모형적 설교 방법은 중세를 거쳐 오늘날까지 계속 이어졌다.

3) 예증적 설교는 윤리 도덕적인 것에 그쳤다.

특히 역사적 본문을 갖고 설교할 때 이야기식 설교를 전개하면서 청중들을 매료시키고, 또 성경의 사건내용을 청중들로 하여금 삶의 거울로 받도록 설교했다. 즉 성경의 사건과 인물들을 하나의 모델로 설정하고 그 사건에 나오는 인물의 장단점, 성공과 실패, 신앙과 불신앙, 순종과 불순종, 사랑과 미움, 아름다움과 추함 등을 설교함으로써 오늘 우리는 어떻게 살아야 할 것인가 하는 윤리적·도덕적 결단을 내리고 결심할 수 있도록 하는 것이다. 그래서 설교를 단순히 윤리적·도덕적인 메시지가 되도록 하는 것이다. 이 방법이 교파를 막론하고 모든 설교자들이 즐겨 쓰는 예증적 설교 방법이다. 즉 아브라함, 이삭, 야곱, 요셉, 모세, 다윗, 삼손, 사무엘, 기드온, 바울, 베드로, 마리아, 빌립 등, 그들의 삶의 여정, 신앙의 여정, 그들의 내면 세계를 분석하고 그들의 성공이유와 실패이유, 그들의 영적상태, 하나님의 부르심에 대한 반응과 거기에 따른 교훈을 얻고자 하는 것이 예증적 설교 방법이다. 또 대개의 설교학자들이나 일선 목회자들도 여기에 익숙해 있기 때문에 설교는 본래 그렇게 하는 것으로 굳어져 있다.

---

examples for imitation"라고 했다.

4) 예증적 설교는 성경의 그리스도 중심의 구조를 잘 전하지 못한다.

예증적 설교가 모두 잘못되었다거나 불필요하다는 것은 아니다. 개혁주의 학자 A. T. Huijser는 성경의 인물들 중에서도 예증적 설교자가 많으며, 교회사적으로 예증적 설교의 사례를 자세히 논하고 있다.[10] 또 예증적 설교의 지지자인 J. Douma는 다음과 같은 논리를 말했다. 즉, '우리 조상들은 구속사가 그리스도를 중심에 둔 통일된 구조라는 것을 잘 알고 있다. 그러면서도 성경에 기록된 인물들을 심리학적으로 묘사하고 성경의 인물들이 가졌던 갈등과 시련, 그리고 신앙생활의 강약을 말하면서, 성경에 기록된 성도들의 경험과 오늘날 성도들의 영적 싸움과를 비교하면서 설교하는 것이다. 그리고 성경에 나오는 모든 인물의 성격을 모든 사람의 본보기로 제시하는 것이다'라고 했다.[11] 즉 설교자가 강단에서 설교할 때 성경 본문의 메시지가 오늘을 살아가는 우리들에게 어떻게 적용되는가를 물을 때 자연히 예증적 설교의 타당성을 주장할 수밖에 없다는 것이다. 예증적 설교자들은 성경을 읽고 설교함에 있어서 그저 성경 내용을 설명하는 것이 아니고, 적용을 하려면 객관

---

10 A. T. Huijser, *Expository Preaching,* Grand Rapids: Baker Book House, 1978, pp. 45-52. 그는 성경의 인물들 가운데 예증적 설교가 가능하게 하는 요소가 매우 많으며, 교회사적 설교 전통 속에서 이러한 예증적 접근이 풍부하게 활용되었음을 상세히 논한다.

11 J. Douma, *Verantwoord Preken(Responsible Preaching),* Kampen: Kok, 1985, pp. 45-63. 구속사가 그리스도를 중심으로 하는 통일적 구조임을 강조하면서도, 성경 속 인물들의 갈등, 시련, 심리적 특징, 신앙의 강약을 오늘 성도의 삶과 비교하여 설교하는 것이 정당함을 논증한다.

성뿐 아니라 주관성도 있어야 한다는 것이다. 그리할 때에 하나님이 하시는 일과 인간의 반응을 동시에 전하는 것이 된다고 했다.

그런데 예증적 설교를 비판하는 입장에서 본다면 이는 인간 중심적이라는 것이다. 특별히 역사적 사건, 곧 전기적 설교 (Biographical Preaching)를 하면서 성경에 나오는 인물의 성격과 특성, 내면 세계를 깊이 고찰해서 거기서 어떤 교훈을 얻고자 할 때 그것이 정말 성경적인가 하는 의문이 있을 수 있다. 모든 교훈적인 것은 아름답고 귀하다. 그리고 모든 교훈적인 것은 인간에게 유익하고 삶의 지표가 된다. 그러나 성경은 유일무이한 하나님이 죄인을 구속하시기 위해서 중보자를 주시기로 약속하시고, 하나님은 그 약속대로 메시아를 구세주로 세상에 보내시고 누구든지 저를 믿으면 영생을 얻게 하는 것이 복음의 내용이다. 그러므로 성경의 인물을 논할 때 마치 셰익스피어의 작품 중에 등장하는 인물의 성격을 분석하고 무슨 교훈을 얻는 식으로 곤란하지 않을까 생각해 보아야 한다.

5) 예증적인 설교의 위험

앞서 언급한 바와 같이 예증적 설교가 틀렸다고 말하기는 힘들지만, 성경이 하나님의 구속사인데 그저 세상역사인 것처럼 취급하는 것은 문제가 된다. 성경에 나오는 어떤 인물의 성격을 분석하고 장단점을 깊이 묵상해서 교훈을 얻고자 할 때는 자칫 성경 말쓺이 본래 말하고자 하는 계시의 내용과 전혀 다른 방향으로 갈 수 있다. 예컨대 성경의 역사적 본문(historical text)을 갖고 설교할 때 제목을 <아브라함의 신앙>, <이삭의 신앙>, <백부장의 신앙>, <마리아의 신앙>, <삭개오의 신앙> 등으로 정한다. 그리고 성경의 인물들의 삶을 실존적으로 깊이 고찰하고, 그들의 장점은 우리가 본받아야 할 신앙의 모범으로, 그들의 실패와 불신앙의 삶이 있다면 버려야 될 것으로 모범을 찾아보는 것이다. 가령 <아브라함의 신앙>에서 아브라함이 갈대아 우르를 떠나 하나님이 지시할 땅으로 떠나는 것을 용기 있는 결단으로 거창하게 말하고, 그의 신앙과 삶을 조목조목 들어 그의 삶이 오늘의 우리들에게 신앙의 결단의 모범을 보여 준다는 것이다. 물론 우리는 그의 삶을 통해서 은혜를 받고 또 설교자의 예민한 적용을 통해서 큰 교훈을 받게 되는 것이다. 이런 패턴이 우리 모든 설교자들의 공통적이고 일반화된 설교 방법이다.

6) 예증설교는 성경의 인물의 장단점을 조사해서 윤리적인 교훈을 얻고자 한다.

이런 방법은 하나님의 계시에 대한 반응으로 적절할 수 있다. 하지만 문제는 성경은 아브라함의 신앙의 위대함 만을 말하려는 것이 아니라는 데 있다. 이런 설교는 우리의 헌신적 삶을 강조하고 매우 교훈적이고 윤리적인 데다 논리적이고 합리적이며 이해하기

쉽다는 큰 장점이 있는 것이 사실이다.

7) 구속사의 중심인 예수 그리스도와 그에 대한 사역을 강조하라!

하지만 일찍이 대 설교학자 T. Hoekstra가 그의 책 개혁주의 설교학 "Gereformeerde Homiletiek" 에서 지적한 대로[12] 설교자가 강단에서 설교할 때 아브라함이나 모세나 베드로나 마리아에 관한 이야기가 아니라 예수 그리스도에 대한 설교를 해야 한다는 것이다. 즉 성경에 나타난 성경 인물이 주인공이 아니라 그들은 모두 하나님이 중보자 예수 그리스도를 통한 구원의 계획을 이루어 가는 중에 사용되었던 하나님의 도구이며 하나님의 그릇에 불과하다는 것을 아는 일이다. 그래서 베드로의 신앙보다 더 중요한 것은 예수께서 베드로를 '어떻게 찾아오시고 그를 어떻게 사용하셨가' 하는 점이다. 또한 그의 교회를 세우기 위한 구체적 방법이 무엇인가를 깨닫고 설명하는 것이 우선이 되어야 한다는 것이다. 요셉을 설명할 때 요셉의 신앙과 순결한 삶, 그리고 그의 꿈과 비전도 중요하다. 그러나 그보다 더 중요한 것은 하나님께서 이스라엘 민족을 애굽에 내려가게 하시고 큰 민족을 이루어 고난과 고통 중에 400년 동안 기다리게 하시다가 모세를 앞세워 이스라엘로 하여금 출애굽 하도록 하셔서, 결국은 하나님이 창조주이시며 구속주이시

---

12 T. Hoekstra, *Gereformeerde Homiletiek(Reformed Homiletic),* Kampen: J. H. Kok, 1926, pp. 112-118.

며 심판 주라는 사실을 계시하셨다는 것이다. 그토록 웅장한 하나
님의 구속사의 대 드라마에 요셉은 다만 조그마한 역할을 했을 뿐
이다. 그러므로 요셉의 신앙과 고결한 삶과 꿈도 본받을 만하더라
도 그것이 메시지의 핵심이 될 수는 없는 것이다.

8) 성경 내러티브 안의 하나님의 구속역사를 선포하라.

창세기 50장 중에 꼭 절반인 25장에서 50장까지 야곱과 관련된
기록이다. 그의 모태에서부터 무덤까지 기나긴 생애의 일거수일투
족을 기록했고 그의 마음의 상태까지 자세하게 기술했다. 이에 반
해 에녹에 관한 기사는 불과 4절로 간단히 기록되었다. "에녹은 육
십오 세에 므두셀라를 낳았고 므두셀라를 낳은 후 삼백육십오 세
를 향수하였더라 에녹이 하나님과 동행하더니 하나님이 그를 데
려가시므로 세상에 있지 아니하였더라"(창 5:21-24)고 했다. 이렇게
성경은 위대한 인물의 역사를 너무도 간명하게 처리하고 있는데,
어찌하여 문제 투성이, 허물 투성이, 이중인격자, 그 사람 야곱을
이토록 길게 기록했을까? 우리는 에녹이 삼백 년 동안 그토록 깨
끗하고 순결하게 하나님과 동행한 삶, 곧 믿음의 삶을 산 것에 대
해 알고 싶으나 성경은 오히려 침묵하고 있다. 그저 정상적인 가정
생활을 하며 자녀를 키우면서 하나님과 동행하며 신앙생활을 하
다가 하나님께 들림을 받았다는 것뿐이다. 그런데 에녹과 비교해
볼 때 야곱은 형편없는 사람이다. 그렇다면 성경은 어찌하여 깨끗

하고 순결하게 삼백 년을 신앙의 승리자로 살았던 에녹에 대한 언급은 극히 간단히 취급하고 허물투성이 야곱에 대해서는 저렇게 많은 페이지를 할애하여 그의 생애를 기록했을까? 사실 성경은 야곱의 일대기를 기록해서 야곱의 승리적 삶을 기록하려는 목적을 가지고 있지 않다. 오히려 실패하고 넘어지고 연약한 그 사람 야곱을 하나님이 어떻게 사랑하셔서 이스라엘의 족장을 삼으시고 '메시아 예수 그리스도가 오기 위한 준비를 했던가'를 우리에게 보여준다. 이 성경은 야곱의 내러티브라기보다는 볼품없고 연약한 자를 하나님의 도구로 사용하시는 하나님의 은총의 역사이자, 하나님의 사랑과 구속운동의 내용을 기록한 것이다. 즉 야곱의 이야기가 아니라 야곱을 사랑하신 하나님의 이야기이다.

8) 로이드존스 목사와 박윤선 목사, 옥한흠 목사 설교 모델[13]

(1) 로이드존스(Martyn Lloyd-Jones)의 구속사적 설교

*** 핵심 원리**

- 복음의 능력(성령의 권능)

- 본문 속에 드러난 구속 사건(Christ-event) 선포

- 교리+경험의 균형: 교리는 찬양으로 이어져야 한다.

---

13 From ChatGPT 5.2

* 특징 구체화

- "본문에서 그리스도를 선포해야 한다. 도덕적 교훈만 주면 복음을 빼앗는 것이다."
- 역사적·구속적 배경을 설명하면서, 결국 십자가와 부활, 회개와 믿음으로 적용

* 설교 구조 예시

1. 본문 개요
2. 역사적 배경
3. 인간의 무능과 죄
4. 그리스도 안에서의 해결
5. 성령의 적용
6. 회개·믿음·거룩의 삶으로 결론

(2) 박윤선 목사

* 핵심 원리

- "성경으로 성경을 해석한다"(Scripture interprets Scripture)는 개혁주의 성경해석을 철저하게 실천
- 언약신학에 기초한 구속사적 설교

*** 설교 방법**

요소 내용

- " 성경관 무오성, 영감설에 기초한 권위적 말씀 선포

- " 해석 원어 연구, 언약의 흐름 속에서 본문 해석

- " 구조 본문 관찰 → 구속사 연결(그리스도) → 적용

- " 강조점 진리, 경건, 교회의 바른 교리·제도

- " 영성 금욕·기도·거룩함·눈물의 신앙

*** 사례: 창세기 강해**

- 아브라함 언약 → 신약의 성취(갈 3장)

- 이삭 제사 → 그리스도의 희생과 대속

- 요셉 이야기 → 섭리·구원·메시아의 예표

(3) 옥한흠 목사

*** 핵심 원리**

- 목회철학: "평신도를 깨워 교회를 깨운다"

- 제자 훈련 = 말씀을 삶으로 살아내는 과정

- 강해설교 + 제자 훈련 + 현장 적용의 통합 모델 제시

*** 설교 방법**

요소 내용

- 중심 성경 본문을 삶의 변화로 연결

- 구조 본문 해석 → 실천적 적용 → 삶의 변화

- 강조점 거룩, 헌신, 섬김, 영적 훈련, 관계 회복

- 목회철학 한 사람이 참 제자로 세워지면 교회가 산다.

4. 구체적이고 실제적인 설교 준비

"강해설교란 하나님이 성경 저자에게 의도한 본문의 의미를 주해와 묵상을 통해 바라게 파악하고, 먼저 성령께서 설교자 자신에게 적용하게 하시고, 청중의 변화를 위하여 가장 효과적인 방법으로 전달하는 것이다" – 류응렬 목사(Golden Conwell Seminary 객원교수)

1) 설교 본문을 미리 읽고 계속 묵상한다.

주일 설교 준비는 월요일 아침에 오는 주일 설교 본문을 미리 읽고 목요일까지 기도하는 마음으로 계속 묵상을 한다. 성경책 가운데 한 권을 정해서 처음부터 차례대로 문단을 정해서 설교 스케줄은 정한다.

월요일에 읽은 본문을 묵상하다가 목요일에는 관련 책들을 읽는다. 원문에 충실하기 위하여 기술적인 주석책들(Technical Commentaries)을 먼저 읽고 알아야 할 것들, 설교자가 본문을 바르게 해석하고 강해하려는 내용이 맞는지 점검하며, 참고해야 할 내용을 mark 해 놓거나 메모를 한다. 그 후에는 본문 강해를 해놓은 책들(Expository Commentaries)을 읽으면서 나름대로 설교 아이디어를 구상한다. 그리고 마지막으로 고전이나 현대의 본문 설교집들(Homiletical Commentaries)을 읽는다. 도움이 될만한 자료가 있는지, 필자와 어떤 생각이 같고, 어떤 생각이 다른지 등을 참고한다. 하여튼 어찌하든지 성경 저자가 의도하고자 하는 내용에 충실하기 원한다. 그리고 가능하면 귀납법적(inductive) 설교를 하고자 한다. 귀납법적 설교는 청중들에게 미리 본문의 주제를 이야기하지 않는다. 본문의 구절들을 풀어서 쉽게 설명하고 나면 청중들도 자연스럽게 주제가 무엇인지, 결론이 무엇일 것인지 유추해 낼 수 있도록 하기 때문이다. 물론 설교 제목에서 청중들은 예측을 한다.

2) 처음 서론에서는 청중들이 왜 이 설교를 들어야 하는지 그 이유를 제시한다.

오늘 설교에서 그 답을 얻을 수 있는 질문(들)을 던진다. 청중들의 관심을 끌기 위해서다. 그래서 필요한 것이 작금의 세상 돌아가는, 혹은 일어나는 일들을 알아야 하고, 청중들이 현재 부딪히고 있는 일들을 알아야 한다. 그들과 전혀 관계가 없는 설교는 듣지 않기 때문이다. 신문이나 뉴스, 특히 이웃 사회 소식들을 알고 있어야 한다.

또한, 서론을 작정하기 전에 교인들의 삶의 현장을 생각해 본다. 그들의 가정, 직장, 사업, 자녀들에 관련된 일들, 특히 문제들을 짚어본다. 즉 본문만 주해(exegesis)하는 것이 아니라 청중들도 주해(exegesis) 해야 하기 때문이다. 그 문화적 배경을 생각하고 설교를 듣는 대상에 따라 설교는 달라야 하지 않겠는가? 그래서 본문에 연관된 합당한 좋은 사건, 예화가 있으면 서론에 사용한다. 그리고 질문을 만든다. 그래서 청중이 마음속으로 그 대답을 하게 하거나 대답을 생각하게 한다. 나중에 결론에 가서 본문이 제시하는 답을 주는 것이다. 청중이 공감하는 결론이다.

3) 본론에서는 가능하면 한 절 한 절 풀어 설명하며, 중요한 핵심단어(key words)가 있으면 원어의 의미를 설명한다.

그리고 문구(phrase)에서나 절(clause), 혹은 문단(paragraph) 사이의 상관관계를 분석한다. 예를 들면 원인과 결과를, 반복적인 문구나 절은 저자가 강조하고 있는 것을, 혹은 배경이 되는 문맥을 살핀다. 강해설교의 열쇠는 첫째도 문맥, 둘째도 문맥, 셋째도 문맥이다. 설교자들의 실수가 때로는 문맥을 참고하지 않기 때문이라고 생각한다. 예를 들면 예수님께서 "진실로 다시 너희에게 이르노니 너희 중에 두 사람이 땅에서 합심하여 무엇이든지 구하면 하늘에 계신 내 아버지께서 저희를 위하여 이루시리라 두 세 사람이 내 이름으로 모인 곳에는 나도 그들 중에 있느니라"(마 18:19-20)고 하신 말씀을 기도에 적용하는 분들이 많다. 그러나 이 구절의 문맥은 죄를 지은 형제를 권징(discipline)하는 데에 있다. 앞 구절들(15-18절)에 의하면 두 세 사람이라도 믿는 자가 교회로 모여 죄를 지은 형제에게 권면하는데, 그가 듣지 아니하면 이방인으로 여겨 함께 권징(치리)하면 하늘에 계신 하나님께서 그 사람을 맨다고 하는 말씀이다. 그런데 이 구절들을 두 세 사람이 무엇이든지 기도하면 응답이 있다고 말하는 것은 본문이 교훈하는 내용은 아니다. 두 세 사람이 권징(치리)하면, 하나님께서도 그 사람을 권징(치리)하여 묶는다는 뜻이다. 그 사람이 교회 앞에 회개하여 교회가 해벌하면 하늘에 계신 하나님께서도 묶은 것을 풀어준다는 말씀이다. 기도 응답에 대한 다른 성경 말씀을 근거로 이 구절을 적용한다면 틀렸다고 하기는 어렵지만, 적어도 마태복음 18장 본문의 문맥에서는 아니다. 그래서 전후 문맥을 살펴보고 본문의 의미를 제대로 파악하고 전하는 것이 하나님 앞에 정직한 설교라고 생각한다. 또한 종교개혁가들의 성경을 성경으로 해석하라는 주장처럼 본문의 다른 성경에 있는 병행구절이나 관주를 찾는다. 동일한 의미의 성경을 찾아보는 것이다.

4) 결론에서는 설교 요약을 한다.

관련된 좋은 예화가 있으면 사용해도 좋다. 청중이 공감할 수 있는 예화라면 아주 효과적이다. 구약의 Story/ Narrative가 예화가 될 수도 있다. 전체 설교에서 보통 예화는 하나나 둘 이상은 사용하지 않는 것이 바람직하다. 이유는 주객이 전도되어 청중의 머리에 예화만 남고 말씀을 잊어버리면 안 되기 때문이다. 말씀을 위한 예화이기 때문이다. 사실 좋은 예화를 찾는데 시간이 많이 든다. 예화에 관한 책들만 몇 권이 있다. 또 YouTube나 Facebook 등 Social Media에서도 찾아보기도 한다. 좋은 예화가 효과가 크기 때문이다. 찾다가 없으면 아예 예화는 사용하지 않기도 한다. 또한 설교자의 개인적인 간증은 되도록이면 피하는 것이 좋다. 가끔 할 때가 있지만 자랑으로 들리면 안 되기에 주의해야 한다. 특히 교인들의 간증은 더더욱 피한다. 혹시 청중들 가운데 잘못 이해할 수도 있기 때문이다.

귀납법적 설교에서는 마지막 결론이 무엇보다도 중요하다. 어찌하든 예배를 마치고 떠나는 교인들의 가슴에 적어도 하나 혹은 두 가지의 교훈은 심어주어야 한다. 셋 이상이 되면 곤란하다. 교인들은 너무 잘 잊기 때문이다. 많은 설교자들이 설교 시간에 너무나 많은 교훈을 하려고 한다. 그러면 교인들은 다 못 기억하기 때문에 하루만 지나도 어제 설교가 무엇이었는지 기억하기 어렵다. 성경 책별 시리즈 설교의 장점은 교인들이 웬만하면 지난 주일 설교를 잊지 않는다. 잊었다 하더라도 오늘 설교가 이어지기 때문에 금방 기억을 한다.

5) 토요일이면 설교문을 두세 번 다시 읽고 수정할 것은 수정하여서 설교 전문과 사용할 PPT Slides를 완성한다.

그리하여 주일에 강단에 섰을 때 가능하면 설교문에 충실해야 한다. 설교 도중 흥분해서 다른 이야기가 나오거나 하여 실수하지 않기 위해서다. 어떤 분은 설교문에 있지 않는 이야기라도 설교할 때 주시는 성령의 인도하심이 아니겠느냐고 반론하는 분도 있다. 물론 그럴 수도 충분히 있다. 하지만 목사도 인간인지라 때로 강단에서 교인들에게 하고 싶은 말을 하고자 하기 때문이다. 특히 어떤 교인들을 표적으로 말이다. 그것은 너무 치명적인 실수라고 생각한다. 일반적인 진리(Universal Truth)를 선포할 때에 청중이 자신에게 맞게 독특하게(uniquely) 적용하게 하는 것은 성령님이 하시는 일이라고 생각한다. 물론 결론에서 때로는 구체적인 적용을 이야기하기도 한다. 그러나 청중이 들은 말씀을 자신에게 적용하게 하는 분은 성령님이라고 믿는다. 그래서 때로 설교 후에 교인들에게 '목사님, 저 들으라고 하신 말씀이지요'라고 듣기도 하지만, 설교자의 의도는 아니어야 한다. 청중 전체를 향한 진리의 말씀, 곧 일반적인 진리의 말씀이 성령에 의하여 각자의 심령에 찔림을 주는 것이다. 얼마든지 각자에게 다르게 적용이 될 수도 있다.

1장에서도 언급했듯이 하나님의 말씀의 권위는 원천적으로 성경 그 자체에 있지만, 성경을 벗어나지 않는, 성경을 그대로 풀어서 설교한다면 그것은 곧 하나님께서 직접 말씀하시는 것과 같다. 하나님께서 주신 설교자의 권위이다. 설교를 통하여 교인들의 영혼 깊은 곳의 갈급함을 채워주며, 죄를 지적하여 회개하도록 하는 것은 성령의 역사다. 하나님의 사자라면, 주님을 대신하여 말씀을 선포하는 자라면 영혼의 의사다. 예수님이 그랬던 것처럼 영혼이 아픈, 망가진 환자를 잘 진단하여 정확한 수술로 치료해야 한다. 오직 하나님의 말씀으로!

요즘 사람들은 귀로 듣는 것뿐 아니라, 눈으로 보아야 더 말씀이 가슴에 새겨지기 때문에 PPT나 Video를 사용하면 더욱 효과적이다.

6) 설교 준비가 끝난 후 최종적으로 아래 사항을 확인하고 수정하라.

*** 설교 준비가 끝난 후**

① 본문에 신실했나 True to the text?

② 분명했나 Clear?

③ 흥미가 있나 Interesting?

④ 청중에게 상관있나? Relevant?

* 청중들은

① 설교가 나와 상관이 있나 Does this relate to me?

② 설교자가 무슨 이야기를 하고 있나 What are you talking about?

③ 왜 내가 들어야 하나 Why should I listen?

④ 이슈가 무엇인가 What is the issue?

⑤ 해답은 What is the answer?

⑥ 그래서 무엇을, 어떻게 So what? Now what?

"죽음 그 이후"(눅 16:19-31)

죽음을 생각해보신 적이 있으신가요? 나이 드신 어르신들은 아마도 예외 없이 다 생각해 보셨을 것입니다만, 젊은이들은 어쩌면 자신들과 상관이 없다고, 아직 멀었다고 생각하면서 현실에만 집중하는 것이 아닌지 모르겠습니다. 문제는 인간은 누구나 예외 없이 한번은 죽는다는 것입니다. 그리고 그 때가 언제인지 아무도 모른다는 것입니다.

누가복음 16장에 들어와 예수님은 유대 종교인들, 특히 바리새인들을 상대로 말씀하였습니다. 이미 도래한 하나님 나라를 인정하지 않고, 자신들 나름대로 하나님을 믿는다고는 하지만 세상 나라를 위하여 살아가는 불의한 청지기라고 비유의 말씀을 하시고(1-12절), 결코 두 나라를 섬길 수 없다고 하셨습니다. 그러나 여전히 돈을 좋아하는 그들을 향하여 예수님께서 하나님 나라 중심의 바른 신앙으로 사람의 눈보다 하나님의 눈을 의식하고 살아야 한다고 하면서, 율법과 선지자들의 말씀의 참된 의미를 가르쳐 주셨습니다. 율법과 선지자들의 예언대로 이미 메시아이신 예수님께서 오셔서 구약성경의 말씀을 성취하신다는 것이었습니다. 율법과 선지자들을 폐하러 오신 것이 아니라 오히려 다 이루시는 것이었습니다. 일점일획도 없어지지 않을 영원한 말씀이라고 하셨습니다 (16-17절).

그리고는 오늘 본문의 유명한 부자와 거지 나사로의 비유를 말씀하십니다. 어떤 부자에게 청지기가 있었다고 하면서 불의한 청지기 비유(1-12절)를 시작할 때처럼, 똑같이 한 부자가 있었다고 합니다(19절). 이 부자는 "자색 옷과 고운 베옷을 입고 날마다 호화로이 연락하는데" 하였습니다. 당시 돈을 좋아하던 바리새인 부자처럼, 오늘날로 말하면 명품 옷을 입으며 매일 파티를 열고 즐기는 이름 없는 부자입니다. 그런데 또 한 사람이 등장합니다. 이번에는 거지 나사로라고 이름을 알려줍니다(20절). 거지라고 번역된 헬라어 원어는 '아주 가난한 사람'이라는 뜻입니다. 그는 부자의 대문에 누워 부자의 상에 떨어지는, 즉 부자가 버리는 음식으로 배를 채웁니다(21절). 가난할 뿐만 아니라 피부병도 있습니다. 개들이 와서 피부의 종양이 난 데를 핥더라고 합니다. 그야말로 너무 대조적인 두 사람입니다.

그런데 누구나 맞이하는 죽음을 두 사람도 맞이합니다. "이에 그 거지가 죽어 천사들에게 받들려 아브라함의 품에 들어가고 부자도 죽어 장사되매"(22절)라고 하였습니다. 부자던 가난한 거지던 다 죽습니다. 다만 이생에서의 삶이 그렇게 달랐듯이, 죽은 후에의 삶이 너무 다릅니다. 거지 나사로는 천사들에게 이끌려 아브라함의 품에 들어갔다고 합니다. 여기 "아브라함의 품"은 '낙원' 혹은 '천국'에 대한 다른 표현입니다(눅 23:42-43 참고). 즉, 유대 종교인들에게 있어서 믿음의 조상인 아브라함의 품에 들어갔다는 말은 곧 천국에 들어갔다는 뜻입니다. 그리고 성경은 아브라함은 하나님을 믿음으로 천국에 갔다고 하였습니다(롬 4장). 사실 나사로의 헬라어 이름(Lazarus)이나 히브리식 이름(Eleazar)의 뜻은 '하나님이 돕는다'입니다. 많은 성경학자들은 하나님의 은혜로 도움을 입어 천국에 갔다는 상징적인 이름이라고 생각합니다.

그런데 부자는 장사를 지냈으나 음부(Hades), 곧 지옥으로 갔습니다(23절). 나사로는 장사도 못 지냈을 것입니다. 마치 당시 그냥 죽은 시신을 갖다 버리는 힌놈의 골짜기에서 불에 태워졌을 것입니다. 그러나 부자는 아마도 장례식도 화려하고 크게, 많은 사람들의 조문 속에 치렀을 것입니다. 그렇지만 죽은 후 음부에서 고통을 받고 있습니다. 말로 표현할 수 없을 정도로 큰 고통입니다. 뜨거운 불 속에서 너무 목이 말라서 혀에 물을 조금 적시게 하여 시원하게 해 달라는 요청한 것을 보아도 알 수 있습니다(24절).

그런데 그가 눈을 들어 천국의 아브라함 품에 있는 나사로를 보았다고 합니다(23절). 오해하지 마십시오. 성경 어디에도 지옥에서 천국을 볼 수 있다고 하지 않습니다. 지금 예수님은 중요한 진리를 가르쳐주기 위하여 비유의 말씀을 하고 있는 것입니다. 부자는 하나님 나라 백성으로 산 것이 아니라 그저 세상 나라 백성으로 재물을 섬기고 살았지만, 나사로는 이 세상에서 비록 병들고 가난했지만 하나님 나라 백성으로 고난을 받았기에 천국에서 위로를 받고 있다는 비유입니다(25-26절). 그리고 천국과 지옥 사이는 큰 구렁이 있어서 오고 가지를 못한다고 합니다.

그러자 부자는 자신이 지옥에서 너무 고통을 받고 있으니까 아직 죽지 않은 자신의 형제 다섯에게 나사로를 보내어서 증거하여 지옥에 오지 않게 해 달라는 것입니다(27-28절). 그러자 아브라함이 말하기를 그 형제들이 구약성경을 갖고 있으니, 성경 말씀을 잘 들으면 하나님 나라 중심의 바른 신앙을 갖게 되어 지옥에 가지 않고 나사로가 있는 천국에 갈 수 있다는 말씀입니다(29절).

그러니까, 자기도 이 세상에 살 때에 율법과 선지자들의 말씀이 있었건만 진리를 깨닫지 못했기에 지금 지옥에 있으니, 죽었던 나사로가 살아나 세상에 가서 그들에게 증거를 하면 회개하고 믿게 될 것이라는 말입니다(30절). 부활의 기적을 보면 믿을 것이라는 말입니다. 그런데 아이러니하게도 마르다와 마리아의 남동생 나사로가 죽었다가 나흘 만에 예수님의 말씀의 능력으로 살아나지 않았습니까(요 11장). 그래도 유대 종교인들은 믿지 않았습니다. 아니 이 전에도 예수님은 많은 기적을 베푸시면서 자신이 정말 메시아임을 증명했으나 믿지 않았습니다. 그렇기 때문에 예수님은 마지막으로 "가로되 모세와 선지자들에게 듣지 아니하면 비록 죽은 자 가운데서 살아나는 자가 있을지라도 권함을 받지 아니하리라 하였다 하시니라"(31절)고 하면서 비유의 결론을 맺고 있습니다. 하나님의 말씀을 듣고 깨달아야 참 신앙을 갖게 되어 영생을 누리는 것이지, 죽었다가 살아난 기적을 보아도 회개하고 믿지 않을 것이라고 합니다. 즉 우리는 어떻게 해서든지 하나님 말씀 중심의 신앙생활을 해야 합니다. 말씀을 붙들고, 말씀에서 은혜를 받고, 말씀대로 살아보고, 말씀의 약속들을 믿어 참 복을 받는 것입니다.

사랑하는 여러분!

오늘 부자와 거지 나사로의 비유 말씀을 오해하시면 안 됩니다. 지금 이 비유의 가르침이 이 세상에서 부자는 다 지옥에 가고 가난한 사람은 다 천국에 간다는 말씀이 아닙니다. 이 세상에서 돈이 많고 적음이 죽음 이후의 영원한 삶을 결정하는 것이 아닙니다. 참 믿음이 있으면 부자던 가난한 자던, 건강한 자던 병든 자던, 유식한 자던 무식한 자던, 남자던 여자던 관계없습니다.

그렇다면 여러분은 죽음 이후의 삶을 맞이할 준비가 되었습니까? 이 세상이 전부가 아니고 그 후에 세상이 있기에 우리로 하여금 준비하라고 하나님의 말씀(복음)을 주셨습니다. 그 말씀(복음)에 대한 반응이 그 영원한 삶을 결정합니다. 예수 그리스도를 믿고 회개함으로 반응한다면 영원히 주님과 함께 살게 됩니다. 눈물과 고통이 없는 곳, 병이 없는 곳, 아니 죄가 없는 곳에서 영원히 살게 됩니다.

그러나 아직도 믿지 못한다면 죽은 후에 지옥의 뜨거운 불에서 영원히 고통을 당하게 됩니다. 지금 마음을 열고 받아들이시기 바랍니다. 미루지 마십시오. 인생에게 내일은 보장되어 있지 않습니다. 예수님을 구세주로, 여러분 삶의 주로 받아들이시고 믿는 순간 하나님 나라 백성이, 만왕의 왕이신 하나님 아버지의 자녀가 됩니다. 하나님께서 때로 연약한 자들에게 기적을 보여 주십니다. 그러나 기적을 보여 주시는 이유는 하나님의 말씀을 붙들라고, 말씀을 중심하고 살라고 보여 주시는 것입니다. 하나님의 말씀을 깨닫고 믿어야 합니다.

사랑하는 성도 여러분!

또한 16장 전체 문맥에 비추어보면, 오늘 본문도 바리새인들처럼 재물을 섬기지 말라는 것입니다. 하나님과 재물을 다 섬길 수 없다고 했습니다(13절). 하나님 나라가 임했으니 회개하라고 선포하시는 말씀을 믿고 회개하여, 하나님 나라 백성답게 살라는 것입니다. 만약 하나님께서 재물을 주시면 하나님 나라를 위하여 사용하는 선한 청지기의 삶을 살라는 것입니다. 확실하게 믿고 실천하시기 바랍니다. 할렐루야!

$$=== \text{ 3장 } ===$$

개인 성경 공부

목회자가 개인적으로 성경을 공부하거나, 성도들을 훈련시켜 그들 스스로 성경 공부를 하도록 해야 하는데, 가장 좋은 방법은 귀납법적 성경 연구이다.[14]

1. 왜 성경을 공부하지 않는가?

* 성경책 앞에 쓰여진 글귀

성경이 당신을 죄로부터 보호해 줄 것입니다. 그렇지 않으면 죄가 당신을 이 성경으로부터 멀리 떨어뜨려 놓을 것입니다.[15]

* 항상 성경 공부를 누군가에게 의지하고자 하는 사람, 왜 개인적으로 직접 말씀을 연구하고, 이해함으로써 그 말씀이 자기

14　참고. Howard Hendricks, "Living by the Book", 1991. 혹은 "삶을 변화시키는 성경 연구" 개정판, 하워드 헨드릭스, 도서출판 디모데, 2015년.

15　"The Bible will keep you from sin, or sin will keep you from the Bible", attributed to Dwight L. Moody.

들의 삶 가운데 역사하는 경험을 맛보지 못할까. 몇 가지 이유들은,

　① 실 생활에 별로 도움이 되지 않는 것 같기 때문에

　② 어떤 방법으로 성경을 공부해야 좋을지 모르기 때문에

　③ 저는 다만 평신도인데요

　④ 너무 바빠서 도저히 시간을 낼 수 없기 때문에

　⑤. 성경에 믿기 어려운 많은 의문점들이 있기 때문에

　⑥. 성경을 공부하는 것이 너무 재미가 없기 때문에

당신은 어떠한가?

매일 혼자서 규칙적으로 말씀을 공부하고 있는가?

아니면 대부분의 신자들처럼 성경을 거의 읽지 않거나 가끔 들여다보는 정도인가?

　① 얼마나 자주 성경을 읽는가?

　　전혀 한 달에 한 번 일주일에 한 번 일주일에 두세 번 매일

　② 성경을 읽게 되면 몇 분 정도를 할애하는가?

　　5분 이하 15분 30분 45분 한 시간 이상

　* 현대 그리스도인들의 가장 큰 문제점은 대부분이 하나님 말씀 아래에만 있을 뿐이지 직접 그 말씀 속으로 깊이 들어가지는 않고 있다는 것이다.

* 당신이 스스로 성경을 읽고 공부하지 않는 이유는 무엇인가?

2. 왜 성경을 공부해야 하는가(성경 공부를 통하여 얻게 되는 유익).

1) 영적으로 자라게 한다.

갓난아기들 같이 순전하고 신령한 젖을 사모하라 이는 그로 말미암아 너희로 구원에 이르도록 자라게 하려 함이라(벧전 2:2).

① 자세(attitude) - 갓난아기가 젖을 사모하듯이

② 입맛(appetite) - 순전하고 신령한

③ 목적(aim) - 온전한 구원에 이르도록 자라게 함

2) 영적으로 성숙하게 한다.

때가 오래되었으므로 너희가 마땅히 선생이 되었을 터인데 너희가 다시 하나님의 말씀의 초보에 대하여 누구에게서 가르침을 받아야 할 처지이니 단단한 음식은 못 먹고 젖이나 먹어야 할 자가 되었도다. 이는 젖을 먹는 자마다 어린 아이니 의의 말씀을 경험하지 못한 자요 단단한 음식은 장성한 자의 것이니 그들은 지각을 사용함으로 연단을 받아 선악을 분별하는 자들이니라(히 5:12-14).

- 영적 세계에서 무지와 상반되는 개념은 지식이 아니라 순
  종이다.

3) 하나님의 뜻을 이루는 온전한 사람이 되게 한다.

모든 성경은 하나님의 감동으로 된 것으로 교훈과 책망과 바르게
함과 의로 교육하기에 유익하니 이는 하나님의 사람으로 온전하게
하며 모든 선한 일을 행할 능력을 갖추게 하려 함이라(딤후 3:16-17).

- 하나님의 말씀은 교훈, 책망, 바르게 함, 의로 교육함

* 성경의 특성

① 통일성(統一性)

- 66권의 책들이 약 1500년 간에 걸쳐서 쓰였지만 하나님과 인
  간들과의 관계를 주제로, 한 통일성(예수 그리스도에 관한 진리)
  을 지닌 한 권의 책이다.

② 계시성(啓示性)

- 성경은 하나님께서 자신을 나타내시는 계시이다.

③ 영감성(靈感性)

- 성경은 하나님의 말씀이다. 하나님의 영이 저자들을 감독하여 그들의 개성을 살리면서도 오류가 없이 하나님의 계시를 그대로 쓰게 하셨다(벧후 1:21).

④ 무오성(無誤性)

- 성경의 권위는 그 말씀에 전혀 오류가 없다는 것이다(마 5:17-18).

* 참고

• 귀납법적 개인 성경 연구가 어떤 도움을 주는가

　① 성경을 공부하는 간단하고 효과적인 방법이다.

　② 성경을 다루는 능력에서 자신감을 얻게 된다.

　③ 성경에서 새로운 발견의 기쁨을 누리게 된다.

　④ 하나님과 더욱 친밀한 관계를 갖게 된다.

* 요구되는 노력

　① 부지런함

　② 하나님께 열린 마음(잠 8:34-35)

　③ 변화를 받아들이는 마음

　④ 목표를 정하고 시작하라.

3. 참고(Consultation)

귀납법적 성경 공부를 하는데 있어서, 특히 본문 해석을 하는 과정에 몇 몇 도구들을 참고하면 훨씬 더 많은 것을 이해할 수 있다. 이것이 바로 해석에 필요한 내용 파악, 맥락 이해, 다른 성경과 비교, 그리고 문화적, 역사적 배경에 이어 다섯번째 열쇠이다. "참고"란 다른 보조 자료들의 사용을 말한다. 이 자료들은 우리가 바라보는 본문으로부터 더 많은 것을 끄집어 낼 수 있도록 본문에 대한 조명을 더욱 밝게 해 준다. 그러나 한가지 경고를 해 둔다면, 절대로 순서를 뒤바꾸지 말라는 것이다. 성경의 본문이 먼저요, 다음이 보조 자료가 되어야 한다. 말씀을 드려다 보기도 전에 보조 자료를 참조하는 것은 하나님의 말씀에 너무 작은 비중을 두는 결과가 된다. 그러므로 어쩌면 가장 필요한 것은 설명과 간단한 해석이 덧붙여져 있는 좋은 '주석 성경'이다. 이 주석 성경을 가지고 시작해서 차츰 다른 보조 자료들을 첨가해 나가도록 하라.

특별히 도움이 되는 4가지 참고 자료들을 소개한다.

1) 성구사전(Concordances)

성구사전은 곧 성경의 색인과 같다. 본문에 나타나는 모든 단어들이 성경 어느 책에 나타나 있는지를 알 수 있도록 가나다 순으로 나열하며, 맥락을 이해할 수 있도록 앞 뒤의 몇 단어와 함께 보여 준다.

[널리 인정받는 두 성구사전은 Strong과 Young이 편집한 것이다.]

2) 성경사전(Bible Dictionaries)

성경에 나타난 익숙하지 않은 단어들을 접하게 될 때에는 성경사전을 찾아보아야 한다. 성경사전은 본문에서 다루는 주제에 관하여 크게 도움이 되는 정보들을 풍부하게 제공하여 준다.

[추천하는 것은 Douglas의 New Bible Dictionary과, 비전 성경사전 등이다.]

3) 지도책(Bible Atlases)

성경에 나타난 지명들에 대한 배경 설명의 부족한 부분을 채워주는 것이기에 우리에게 좋은 성경 지도책이 필요하다.

4) 주석들(Bible Commentaries)

성경의 어떤 본문을 완전히 섭렵한 사람에게서 배운다고 생각하면 된다. 평생 동안 한 가지 책이나, 한 부분에 대하여 연구한 사람의 깊은 예지와 통찰력을 담고 있다. 주석이 당신의 성경 공부를 대신해 주지는 못하지만, 당신이 공부한 내용을 평가해 주는 좋은 교사인 것이다. 그러나 주석 선택에는 주의를 요한다. [신학적 분

별력이 있는 사람은 어떤 주석도 괜찮겠지만, 그렇지 않다면 개혁주의 성경신학자들의 주석을 추천한다.]

4. 비유적인 표현의 해석

평범한 의미를 가지고 해석을 해서 뜻이 통하지 않을 때에는 어떻게 해야 하는가? 평범하지 않은 표현들을 비유적으로 또는 문자적으로 해석해야 하는 규칙이나 원리가 있는가? 정확하게 일률적으로 둘을 구분할 수 있는 방법은 없는 것 같다. 그러나 아래 열거하는 몇 가지의 원리는 비유적인 표현을 간과한 채 전혀 엉뚱한 해석을 내리는 것을 방지하는 데 큰 도움이 되리라 믿는다.

1) 문자적으로 해석해서는 안될 이유가 있는 경우를 제외하고는 가능한 한 문자적으로 이해하도록 하라.

성경의 저자들도 우리와 마찬가지로 평범하고도 합리적인 방법으로 의사를 소통하는 사람들임을 기억해야 한다.

2) 본문이 요구할 때에는 비유적인 의미를 선택하라.

어떤 본문들은 비유적인 표현들을 포함하고 있음을 직접 드러내고 있다. [예를 들어 꿈이나 환상을 기록한 내용을 접할 때에는

대게 상징적인 표현들을 기대하게 된다. 요셉의 꿈(창 37장), 다니엘의 환상(단 7-12장) 등]

3) 문자적인 해석이 불가능하거나 아주 어색할 때에는 비유적인 해석 방법을 택하라.

여기서 우리는 성화된 상식이 필요하다. 하나님께서는 무슨 말씀을 강조하기 위하여 상징을 사용하신다. 그 때에는 상징적으로 해석해야 한다. [예-계 1:16]

4) 문자적인 해석이 하나님의 성품과 상충될 경우 비유적인 해석을 택하라.

하나님은 결코 당신의 성품에 상충되는 일을 하시는 분이 아니시다. 하나님의 말씀은 그의 성품에 근거하고 있기 때문에 그 명령이 그와 일관성을 유지하고 있다. [예-요 6:53-55]

5) 사용된 표현이 비유적인 표현이면 당연히 비유적인 해석을 따르라.

* 뒷장의 여러 가지 비유적 표현법을 참고하라.

6) 문자적인 해석이 문맥이나 그 본문 전체적인 흐름이나 책 전체의
성격에 상충될 때는 비유적인 해석을 따르라.

문자적으로 해석하였을 때 문맥에 비추어 보아 전혀 뜻이 통하
지 않는 경우는 그 표현이 의미하는 바가 무엇이며, 왜 그 표현을
사용하였는지 알아보아야 한다. [예-계 5:1-5]

7) 문자적인 해석이 저자의 의도와 목적에 상충될 때에도 비유적인
해석을 하라.

다시 한번 문맥의 중요성을 강조하게 된다. 따로 떼어서 보면 그
럴듯해 보이지만, 문맥에 비추어 보면 잘못된 해석이라는 인식할
때이다. [예-시 1편]

8) 문자적인 해석이 성경의 다른 부분과, 혹은 성경이 가르치는 교
리적인 내용과 상충이 될 때는 비유적인 해석을 하라.

성경의 가장 권위있는 해석가는 성경 자체이다. 성경은 시종 일
관된 메시지를 갖고 있다. 때로는 역설적인 표현도 있지만 서로 다
른 교훈을 말하지는 않는다. [예-막 10:25]

*** 비유적 표현법**

① 신인 동형화(Anthropomorphism): 사람의 속성이나 행동의 모습을 하나님께 적용시키는 방법.

여호와의 손이 짧아 구원치 못하심도 아니요 귀가 둔하여 듣지 못하심도 아니라(사 59:1).

② 돈호법(Apostrophe): 사물을 향해서 사람에게 하듯, 또는 앞에 있지 않은 사람이나 가상적인 존재를 향해 말을 건네는 방법.

사망아, 너의 이기는 것이 어디 있느냐 사망아, 너의 쏘는 것이 어디 있느냐(고전 15:55).

③ 과장법(Hyperbole): 문자 그대로가 의미하는 것 이상으로 과장하여 표현하는 방법.

내가 너희를 섬기기 위하여 다른 여러 교회에서 요를 받은 것이 탈취한 것이라(고후 11:8).

④ 간접대치법(Hypo-catastasis): 공통점을 지닌 것으로 대치하여 간접적으로 공통점을 부각시기는 방법.

바리새인의 누룩 곧 외식을 주의하라(눅 12:1).

⑤ 관용적 표현(Idiom): 특정한 상황에 관용적으로 사용되는 표현.

내(삼손)가 침실에 들어가 아내를 보고자 하노라(삿 15:1).

⑥ 대조를 통한 전체대치법(Merism): 서로 상반되거나 대조되는 두 부분
  을 가지고 전체를 대치하는 방법.

주께서 나의 앉고 일어섬을 아시며(시 139:2).

⑦ 은유법(Metaphor)· 어떤 것을 가지고 다른 것을 대신하여 표현하는 비유법.

너희는 세상의 빛이라(마 5:14).

⑧ 역설법(Paradox): 겉으로 보기에는 불합리하거나 모순, 혹은 논리적으
  로 맞지 않는 듯한 표현법.

누구든지 제 목숨을 구원코자 하면 잃을 것이요 누구든지 나를 위
하여 제 목숨을 잃으면 찾으리라(마 16:25).

⑨ 의인화(Personification): 사물이나 동물들에게 사람의 속성이나 행동을
적용시키는 표현법.

그 때에는 달이 무색하고 해가 부끄러워하리니(사 24:23).

⑩ 수사학적 질문(Rhetorical Question): 질문에 대한 답을 요구하기보다는 속으
로 대답하며 그 질문이 수반하는 여러 의미들을 생각하게 하는 수사법.

내가 하나님을 의지하였은즉 두려워 아니하리니 사람이 내게 어찌
하리이까(사 56:11).

⑪ 직유법(Simile): "… 처럼"이나 "… 같이" 등의 표현을 사용하는 비교법.

저는 시냇가에 심은 나무와 같으니(시 1:3).

5. 개인적인 성경 공부를 시작하라.

목표를 정하라(스 7:10). 지금 당장이 아니라 인생을 마치는 그 순
간에 당신은 어떤 모습이 되기를 원하는가? 몇 가지 제안을 한다.

① 삶의 우선 순위를 결정하라.

② 스케줄을 짜라. 즉 시간 계획을 세우라.

③ 훈련이 필요하다. 이 훈련은 곧 절제, 성령의 열매이기도 하다.

④공부 시작하기. 어디서부터 시작할 것인가를 결정해야 한다.

6. 소그룹 성경 공부를 조직하라. 그리고 공부하여 얻은 내용을 다른 사람들과 함께 나누라.

제2부
교회 성장의 전략과 행정
(Growing and Governing the Church)

4장
전도와 양육
(Evangelism and Discipleship)

전도는 교회의 사명이요, 양육은 교회의 사랑이다. 교회의 성장은 철저하게 전도와 양육으로 이루어져야 한다. 남의 교인을 빼앗아 오는 것은 목회 윤리에 어긋나는 것으로 절대 금한다. 물론 다른 교회 교인이 여러 가지 이유로 찾아올 수 있다. 충분히 예기를 들어보고 가능하면 되돌려 보내야 한다. 예외적으로 섬기던 교회의 목사에게서 완전히 신뢰를 잃어버린 경우와 그 교회가 비성상적이고 몰상식적인 교회라면 허락한다.

1. 전도

전도는 교인들이 해야 하나, 교회 개척 수준에서는 목회자도 전도에 힘을 써야 한다. 교인들이 조금 모이면 전도훈련을 받게 해서, 그들이 친지와 이웃들을 전도하게 해야 한다.

1) 관계 중심 전도(Relational Evangelism)

이같이 너희 빛이 사람 앞에 비치게 하여 그들로 너희 착한 행실을
보고 하늘에 계신 너희 아버지께 영광을 돌리게 하라(마 5:16).

전도 대상자와 지속적인 관계를 통해 복음을 전해야 한다. 이웃,
학부모 모임, 소상공인 등 일상의 만남 속에서 신뢰를 쌓으며 자연
스럽게 복음을 나누는 것이 중요하다.

* 실천 제안:

- 매일 아침 지역 커피숍에서 기도하며 사람들과 인사하기
- 작은 선물이나 빵을 나누며 정기적인 안부 인사 전하기
- 아이들을 통해 가정을 접촉할 수 있는 기회 만들기

2) 소그룹 모임 중심 전도(소그룹/ 구역 중심)

집에서 떡을 떼며 기쁨과 순전한 마음으로 음식을 먹고 하나님을
찬미하며 …(행 2:46-47).

작은 소그룹 모임을 통해 공동체를 형성하고, 불신자들을 초청
하여 그 안에서 자연스럽게 복음을 전하라. 교회라는 공간보다 가
정이나 카페가 오히려 더 문턱이 낮을 수 있다.

* 실천 제안:

- "믿음으로 사는 삶" 등의 주제로 성경적 인문학 소모임

- 기도모임, 찬양모임, 부모교육, 영어성경 읽기 모임 등

3) 지역 사회 섬김을 통한 전도

너희가 여기 내 형제 중에 지극히 작은 자 하나에게 한 것이 곧 내게 한 것이니라(마 25:40).

주변 이웃의 실제적인 필요를 돕는 것을 통해 복음의 문이 열린다. 교회는 이웃의 고통을 함께 짊어지는 '빛과 소금'이 되어야 한다.

* 실천 제안:

- 무료 영어/ 악기/ 미술 수업 제공

- 지역 청소, 노숙인 식사 나눔

- 어르신 돌봄, 청소년 멘토링

4) 디지털 전도

말씀이 육신이 되어 우리 가운데 거하시매 ...(요 1:14).

오늘날 사람들은 온라인에서 시간을 보냅니다. 온라인 공간에 복음을 심는 것도 반드시 필요하다.

*** 실천 제안:**

- SNS에서 짧은 묵상, 찬양, 기도 카드 나누기
- 유튜브/ 블로그/ 인스타를 활용한 '일상 속 복음' 나눔
- 교회 소식지를 모바일 메시지나 카카오톡으로 전송

5) 기도를 통한 전도

또한 우리를 위하여 기도하되, 하나님이 전도할 문을 우리에게 열어 주사 그리스도의 비밀을 말하게 하시기를 구하라 내가 이 일 때문에 갇혔노라(골 4:3).

기도는 전도의 가장 강력한 기반입니다. 성령의 역사가 없이는 전도의 열매를 거둘 수 없다. 전도 대상자를 위하여 목회자와 전교인이 늘 기도해야 한다. 특히 중보 기도 사역을 시작하라.

*** 실천 제안:**

- 매일 동네를 걸으며 기도하는 "기도 걷기"
- 전도 대상자 이름을 적고 지속적으로 중보 기도
- 지역 전체를 위한 '은밀한 기도 지도' 만들기

6) 문화와 예술/ 문서를 활용한 전도

무엇이든지 참되며 경건하며 … 이것들을 생각하라(빌 4:8).

미술, 찬양, 문학, 연극, 글 등을 통해 진리의 메시지를 전하는 것은 오늘날 젊은 세대에게뿐만 아니라 기성세대에게도 깊은 감동을 준다.

*** 실천 제안:**

- 찬양콘서트, 부활절 칸타타, 크리스마스 성극, 미술 전시 등
- 시와 묵상을 담은 엽서 만들기
- 전도지 만들기
- 지역 신문에 목회 칼럼을 써서 기고하기

7) 전도 방법

상황과 형편에 따라 교회에서 제작한 전도지를 나눠 주든지, 아래 자료를 사용한다.

- 4 영리
- 다리 예화
- 전도 폭발

- 일대일 제자 양육 I. 만남: 예수 그리스도
- 새생명축제로 초청(예: '빼빼로' 과자 박스를 '주께로 혹은 'To The Lord', "소중한 당신을 Beautiful Festival에 초대합니다")

* 전도의 핵심은 복음을 전하는 자의 삶입니다. 말보다 더 강한 복음은 그리스도의 향기를 품은 성도의 삶입니다. 주님을 닮는 인격을 드러내야 한다.

2. 양육

한 영혼을 전도해서 그냥 방치하는 것은 아기를 낳고서 그냥 내버려 두는 것과 같다. 그런 부모는 없는 것처럼, 한 영혼이 새로 태어나면 반드시 양육을 해야 한다. 젖을 먹이고, 훈련을 시켜야 한다.

1) 새 교우 양육

초신자나 새 신자가 교회에 등록을 원하면 4주간 혹은 7주간에 걸쳐 새 교우 양육을 해야 한다. 목회자가 스스로 양육 내용을 만들어 훈련을 시키면 된다. 다시한번 복음에 대하여, 믿음에 대하여, 성경에 대하여, 교회에 대하여 가르치고, 목회철학이나 교회의 비전 등에 대해서도 나누고 나서 동의하면 등록서를 작성한다.

2) 일대일 제자 양육 성경 공부

새 교우 양육반을 마친 성도는 일대일 제자 양육 성경 공부반에서 훈련을 받게 한다.

I. 예수 그리스도와 만남.

II. 교제: 큐티의 이론과 실제부터 시작하여

III. 성장: 일대일 양육 성경 공부 11번의 만남을 거쳐,

신앙생활의 기초를 다지게 한다. 혹은 목회자가 스스로 신앙의 기초를 위한 교재를 만들어 일대일 양육을 시킬 수 있다.

3) 제자 훈련반

네비게이토에서 발간한 2.7 시리즈 혹은 64주 제자 훈련 과정 등 여러 제자 훈련 교제들이 있는데, 국제 제자 훈련원에서 발간한 옥한흠 목사의 제자 훈련 교재를 추천한다. 가능하면 인도자 지침서를 잘 따라 훈련을 시켜야 한다.

• 1단계 - 제자 훈련 I <제자 훈련의 터다지기> 6번의 만남을 통해 훈련에 익숙하게 한다.

- 2단계 - 제자 훈련 II <아무도 흔들 수 없는 나의 구원> 14번의 만남을 통해 신앙생활에 필요한 확신들과 기본적인 교리들을 배우며 신앙의 기초를 확실하게 한다.

- 3단계 - 제자 훈련 III <작은 예수가 되라> 12번의 만남을 통해 신앙의 성숙으로 나아가게 한다. 서로 함께 하는 기도시간을 늘리면서 영적 전쟁에 대한 경각심을 갖게 한다.

4) 사역 훈련반

제자 훈련 3단계를 마친 자들 가운데 교회의 일꾼으로, 지도자로 훈련받기 원하는 사람들을 선별하여 사역 훈련을 받게 한다.

- 1단계 - 사역 훈련 I <성령, 새 생활의 열쇠> 6번의 만남으로 영적인 삶에 대해 깊이 있는 성경 공부와 함께 예수 그리스도를 닮아가는 전인격적인 훈련의 기회로 삼아야 한다.

- 2단계 - 사역 훈련 II <교회와 평신도의 자아상> 10번의 만남으로 성경적인 교회관을 확실히 하여, 어떻게 교회를 섬겨야 하는지, 주님으로부터 부르심을 받은 종으로서의 정체성을 가르친다.

- 3단계 - 사역 훈련 III <소그룹 환경과 리더십> 10번의 만남으로 소그룹을 인도할 수 있는 영적 지도자로서의 실제적인 훈련을 받게 한다. 사역 훈련 2단계까지 마쳤으나 소그룹을 맡기기에 부적절하다고 생각이 되면 3단계는 추천하지 말고, 지도자로 세우지 말아야 한다.

- 이 외에도 성경 전체 개관(성경 파노라마), 사도신경반, 십계명반, 주기
  도문반, 중보기도학교 등을 개설하여 훈련시켜야 한다.
- 심지어 당회 모임도 사역 훈련의 연속으로 생각하고, 안건 처리보다 당
  회원들 영적 훈련 시간으로 생각하라. 회의는 짧을수록 좋다.

5) 목사는 목회철학이 분명해야 한다.

사도 바울이 "그가 어떤 사람은 사도로, 어떤 사람은 선지자로, 어떤 사람은 복음 전하는 자로, 어떤 사람은 목사와 교사로 삼으셨으니 이는 성도를 온전하게 하여 봉사의 일을 하게 하며 그리스도의 몸을 세우려 하심이라 우리가 다 하나님의 아들을 믿는 것과 아는 일에 하나가 되어 온전한 사람을 이루어 그리스도의 장성한 분량이 충만한 데까지 이른다"(엡 4:11-13), "우리가 그를 전파하여 각 사람을 권하고 모든 지혜로 각 사람을 가르침은 각 사람을 그리스도 안에서 완전한 자로 세우려 함이니"(골 1:28)고 말한 것처럼, 목회자는 성도를 온전하게 훈련시키는 것이 가장 중요한 사역이다. 설교를 통하여, 양육을 통하여, 기도를 통하여 예수 그리스도의 장성한 분량이 충만한 데까지 이르도록, 주님의 성품을 닮아가도록 훈련을 시켜야 한다.

예수님의 마지막 유언과도 같은 "하늘과 땅의 모든 권세를 내게 주셨으니 그러므로 너희는 가서 모든 민족을 제자로 삼아 아버지와 아들과 성령의 이름으로 세례를 베풀고 내가 너희에게 분부한

모든 것을 가르쳐 지키게 하라 볼지어다 내가 세상 끝날까지 너희와 항상 함께 있으리라"(마 28:18-20)의 말씀을 기억하고, 목회자는 교인들을 초신자가 아닌 제자를 삼아야 한다.

하나님의 절대주권과 코람데오의 신앙으로 사는 개혁주의 성도들의 삶의 철학인 하나님 중심, 성경 중심, 교회 중심의 삶을 늘 강조해야 한다.

═══ **5장** ═══

교회 행정의 전략과 실천
(Church Administration and Practice)

1. 개혁주의 교회 정치(Church Polity)의 원리

개혁주의 교회 정치는 하나님 중심, 그리스도 중심, 말씀 중심, 은혜 중심, 공동체 중심이다. 인간의 권력이 아니라 그리스도의 통치가 드러나도록 설계된 질서이며 구조다.

1) 그리스도는 교회의 머리(Christ as the Head of the Church)

교회의 최고 권위는 사람이 아니라 오직 예수 그리스도이십니다. 어떤 인간 지도자(목사나 장로)도 절대적 위치에 서서는 안 된다.

> 그는 몸인 교회의 머리시라(골 1:18).

> 너희 선생은 하나요 그리스도시니(마 23:10).

개혁주의 교회 정치는 목회자나 특정 지도자 중심 체제가 아니라 하나님 중심, 그리스도 중심, 말씀 중심이다.

2) 말씀과 성령의 통치(Rule of Word & Spirit)

교회는 하나님의 말씀에 의해 다스림을 받아야 한다. 교회의 모든 결정과 방향은 하나님의 말씀 안에서 이루어져야 한다.

> 주의 말씀은 내 발에 등이요 내 길에 빛이니이다(시 119:105).

목회자와 장로들은 말씀을 따라 교회를 돌보는 청지기이다. 당회는 이것을 기억하고 교회를 섬겨야 한다.

3) 장로 정치(치리제도): 장로들의 공적 다스림(Presbyterian Eldership)

개혁주의 교회는 장로들이 함께 공동으로 다스리는 체제이다.

> 장로들을 택하여 각 교회에 세우고 금식 기도하며 그들이 믿는 주께 그들을 위탁하고(행 14:23).

> 너희 중 장로들에게 권하노니 나는 함께 장로된 자요 그리스도의 고난의 증인이요 나타날 영광에 참여할 자니라 너희 중에 있는 양

무리를 치되 억지로 하지 말고 하나님의 뜻을 따라 자원함으로 하며 더러운 이득을 위하여 하지 말고 기꺼이 하며(벧전 5:1-2).

즉,

- 담임목사 혼자 통치하지 않고
- 장로들과 함께 기도하며 협력하고
- 공동체적 지도체를 형성한다.

이는 교만, 독단, 권력 남용을 방지하는 성경적인 은혜로운 제도이다. 그러므로 당회도 당회원들의 영적 성숙에 초첨을 맞추라.

4) 직분의 구별과 협력(Office Distinction and Cooperation)

교회 직분은 구별되지만 우열이 아니다. 하나님께서 각자에게 은사를 주신 목적은 섬김과 질서다.

그가 어떤 사람은 사도로, 어떤 사람은 선지자로, 어떤 사람은 복음 전하는 자로, 어떤 사람은 목사와 교사로 삼으셨으니 이는 성도를 온전하게 하여 봉사의 일을 하며 그리스도의 몸을 세우려 하심이라(엡 4:11-12).

*** 개혁주의 교회:**

- 목사: 말씀과 성례, 영적 돌봄

- 장로: 권면, 치리, 돌봄

- 집사: 구제, 봉사 실천

이 역할을 질서 있게 협력한다.

5) 공적 회의체(노회·총회)의 권위(Authority of the Presbyterian Church Courts)

교회는 혼자 존재하지 않고 연합체적 교회다. 보통 때에는 당회와 공동의회를 통하여 교회 안건들을 결정한다. 하지만 교회 자체로 해결이 되지 않는 문제들이나 중요한 결정은 상회기관인 노회와 총회라는 공적 회의체를 통해 이뤄진다.

사도와 장로들이 모여 이 일을 의논하니라(행 15:6).

예루살렘 공회의는 상회 기관으로서

- 공적 논의

- 성경적, 교리적 결정으로

- 결정 사항을 교회 전체에 전달하는

개혁주의 교회 정치의 모델이다.

6) 교회의 권징(Biblical Discipline)

권징은 벌이 아니라 영혼의 회복과 교회의 거룩을 위한 것이다.

> 네 형제가 죄를 범하거든 가서 너와 그 사람과만 상대하여 권고하라 만일 들으면 네가 네 형제를 얻은 것이요 만일 듣지 않거든 한두 사람을 데리고 가서 두세 증인의 입으로 말마다 확증하게 하라 만일 그들의 말도 듣지 않거든 교회에 말하고 교회의 말도 듣지 않거든 이방인과 세리와 같이 여기라(마 18:15-17).

> 형제들아 사람이 만일 무슨 범죄한 일이 드러나거든 신령한 너희는 온유한 심령으로 그러한 자를 바로잡고(갈 6:1상).

* 권징의 목적:

① 죄인을 회복시키고

② 교회를 보호하고

③ 하나님 영광을 드러내는 것

7) 성도의 참여와 민주적 요소(Participation of Believers)

성도는 은혜로 구원받은 왕 같은 제사장입니다(벧전 2:9). 장로만 다스리는 구조가 아니라, 성도의 동참과 인준이 중요한 요소다.

너희 중에 큰 자는 너희를 섬기는 자가 되어야 하리라(마 23:11).

교회는 지도자의 독재가 아니라, 섬김, 겸손, 말씀, 기도의 공동체이다.

* 묵상 질문

1. 나는 교회 의사결정에서 그리스도의 주권을 실제로 인정하는가, 아니면 나의 경험과 직관이 앞서고 있는가?

2. 목회자나 특정 지도자가 '머리'처럼 기능하는 위험을 교회 안에서 어떻게 예방할 수 있을까?

3. 교회가 "그리스도 중심"으로 움직이는지, "사람 중심"으로 움직이는지 판단할 수 있는 기준은 무엇인가?

4. 우리 교회의 중요한 결정은 말씀의 원리에 따라 이루어지고 있는가, 아니면 관행과 감정, 다수의 분위기에 따른 것인가?

5. 나는 성령의 인도하심을 회의와 행정에서 어떻게 회복할 수 있는가?

6. 목회자와 장로가 '청지기'로서, 말씀 아래 머무는 모습이 구체적으로 어떤 모습인가?

7. 당회는 지금 권력 구조인가, 아니면 거룩한 공동지도체인가?

8. 장로들은 함께 기도하며 협력하는 영적 본을 세우고 있는가?

9. 독단과 교만을 방지하기 위해 우리 당회가 가장 시급히 바로잡아야 할 부분은 무엇인가?

10. 우리는 직분의 차이를 우열이 아니라 역할의 차이로 이해하고 있는가?

11. 우리 교회의 집사·장로·목회자가 더 건강하게 협력하려면 어떤 구조적 조정이 필요할까?

12. 교회가 상회기관의 권위를 불편한 통제로 느끼는가, 아니면 하나님의
보호 장치로 인정하고 있는가?

13. 우리의 중요 결정들이 상회기관의 질서와 신학적 틀 안에서 이루어지
고 있는가?

14. 나는 권징을 사랑의 회복 사역으로 이해하고 있는가, 아니면 "징계"로
만 생각하고 있는가?

15. 교회 내에서 성도들의 참여를 가로막는 장벽은 무엇인가?

16. "섬김과 겸손의 영성"이 우리 공동체 안에 실제로 이루어지고 있는지
어떻게 알 수 있을까?

2. 행정 전략과 실천(Administration Strategy and Practice)

1) 행정의 목적은 '사역을 돕는 도구'

- 행정은 사역을 '질서 있게' 하고, '지속 가능하게' 하며, '투명하게' 만들어 준다.
- 성경에서도 "모든 것을 품위 있게 하고 질서 있게 하라"(고전 14:40)고 말씀하셨다.
- 행정은 교회의 몸의 뼈대와 같아서, 보이지 않지만 영적 사역이 흐르도록 돕는 것이다.

2) 교회 행정의 기본 5대 영역

교회의 중요한 행정 가운데 재정 관리와 교적부(교인) 관리, 예배 및 각종 모임, 대외적인 법률 행정, 이웃을 위한 홍보 및 커뮤니케이션 등이 있다.

(1) 재정 행정(투명성과 책임감)

- 헌금 기록 및 회계 관리:
- 작은 교회라도 회계 장부는 필수다(엑셀, 교회 재정 프로그램 활용).
- 수입/ 지출 내역은 정기적으로 지도자들과 공개하고 보고하라.

• 헌금 봉투 시스템과 감사 카드로 교인들의 헌신을 격려하라.

(2) 교적부 행정(교인 관리)

• 출석부와 기도 제목 관리:

• 이름, 생일, 주소, 전화번호, 이메일, 기도 제목을 정리하라.

• 초창기에는 Google Format 등을 활용해 간편하게 시작할 수 있다.

• 주보를 통해 정기적인 소통과 기록을 하라.

(3) 예배 및 모임 행정(시간, 장소, 준비물 관리)

• 주일예배, 수요기도회, 소그룹, 새 가족 모임 등 정기 스케줄을 체계

화하라.

• 장소 대여, 장비 구비, 순서지 제작 등 사전에 check lists 준비하라.

(4) 대외 및 법률 행정(등록, 보험, 계약 등)

• 교회 설립 신고, 은행 계좌 개설, 비영리 법인 등록

• 건물 임대 시 계약 관련 서류 확보

• 보험(시설 책임, 차량 등) 여부 점검

(5) 홍보 및 커뮤니케이션 행정 (소통의 다리 만들기)

- SNS / 블로그 / 문자 안내 시스템을 통한 교인 및 이웃과의 소통

- 주보 디자인, 전도지, 배너 등의 제작

- 교회 웹사이트 또는 간단한 온라인 소개페이지 운영도 필요하다.

3) 전략적 접근: "작고 단순하게 시작하여, 필요에 따라 확장하라."

충성된 자에게 맡기라 그들이 또 다른 사람을 가르치리라(딤후 2:2).

전략 1: 목회자 1인 사역 구조에서 팀 구조로 전환하기

- 초기에는 목회자가 대부분을 감당하되,

- 곧 헌신된 자들을 세워 "미디어팀, 재정부, 새 교우 환영팀, 전도부" 등을 구성하라.

전략 2: 단순하지만 반복 가능한 시스템 만들기

- 주간 일정, 재정 보고, 행사 준비 등은 매뉴얼화하여 누구나 따라 할 수 있게 하라.

전략 3: 디지털 도구 적극 활용하기

- 구글 드라이브(문서, 설문, 양식),

- Canva(디자인),

• 카카오톡 채널 or 단톡방,

3. 교회 안의 모든 회의 준수사항

• 3분 이상 발언 금지

• 거듭 발언 금지

• 인신 공격 발언 금지

• 찬성 혹은 반대 3회 이내 청취 후 표결

1. 우리의 행정은 지금 사역을 돕고 있는가, 아니면 사역을 방해하는 짐이 되고 있는가?

2. 교회 구성원들이 행정을 "투명성"과 "신뢰"의 관점에서 바라보도록 어떻게 개선할 수 있을까?

3. 재정의 투명성과 책임성에 있어 우리 교회의 가장 큰 취약점은 무엇인가?

4. 교인들에게 '헌신'이 기쁨이 되도록 하기 위해 어떤 격려 시스템을 만들 수 있을까?

5. 우리 교회 성도들의 정보를 영적으로 돌보기 위해 얼마나 체계적으로 관리하고 있는가?

6. 출석과 기도 제목 관리는 단순 기록이 아닌 영혼 돌봄이라는 사실을 성도들에게 어떻게 이해시키고 있는가?

7. 예배 준비의 '보이지 않는 손'이 영적 사역임을 어떻게 가르칠 수 있을까?

8. 우리 교회는 법적 안정성과 보호를 위해 필요한 것들을 충분히 갖추고 있는가?

9. 교회가 지역 사회 안에서 신뢰할 만한 존재로 보이려면 무엇을 개선해야 할까?

10. 우리는 지금 세대와 지역 사회와 적절히 소통하고 있는가?

11. 온라인 커뮤니케이션이 사역의 확장이 되도록 하기 위해 무엇을 보완
해야 할까?

12. 동역자 발굴(딤후 2:2)을 위해 지금 내가 먼저 놓아야 할 것, 혹은 양보
해야 할 것은 무엇일까?

13. 우리 회의는 "질서와 은혜"(고전 14:40)의 분위기 안에서 진행되고
있는가?

14. 회의 중 자주 발생하는 문제(장황한 발언, 인신공격, 반복 주장 등)를 영
적·조직적 차원에서 어떻게 예방할 수 있을까?

15. 회의가 갈등이 아니라 은혜의 결정을 만들어내는 자리가 되기 위해
무엇을 바꿔야 할까?

[참고: 작은 교회를 위한 디지털 행정 매뉴얼] From ChatGPT

* 전체 원칙 3가지

① 작고 단순하게 시작하라 - 처음부터 완벽할 필요 없습니다. 기본만 정
돈해도 충분합니다.

② 무료 도구부터 활용하라 - 대부분의 디지털 도구는 무료 또는 기본 기
능으로 충분합니다.

③ 혼자 하지 말고, 함께 나누라 - 성도 중에 도와줄 수 있는 이들과 협력
하세요.

* 문서 및 자료 관리

① Google Drive(구글 드라이브)

• 교회 전용 구글 계정 생성: yourchurchname@gmail.com

• 폴더 예시:

② (폴더) 예배 자료

└── 주보 / PPT / 찬양곡 리스트

③ (폴더) 행정서류

└── 회의록 / 재정 보고 / 예산표

④ (폴더) 전도 및 홍보

└── 리플릿 / 행사 포스터

* 협업 팁:

• 설교자, 예배팀, 봉사자들과 공유 폴더 사용

• 문서 이름 규칙: 2025-06-15_주보.pdf, 2025_상반기_재정보고.xlsx

* 재정 행정

① Google Spread Sheet

• 간단한 회계 장부 구성:

날짜 항목 수입 지출 비고

6/ 1 주일헌금 200 OOO 장로

6/ 2 인쇄비 30 전도지

• 매달 수입/ 지출 보고서를 만들고 리더들과 공유하세요.

• 헌금 내역은 개인 정보 보호를 위해 비공개 문서로 따로 관리하세요.

* 출석 및 성도 관리

① Google Forms + Google Sheets 연동

• 새 가족 카드, 출석 체크, 기도 제목 수집 가능

• 구글 폼 예시:

ccs copy edit

[ ] 이름

[ ] 연락처

[ ] 출석 여부

[ ] 기도 제목

* 출석 관리 자동화 팁:

  • 폼 응답이 자동으로 시트에 저장되므로, 매주 누적 관리가 쉬워집니다.

  • 매달 출석자 요약표를 만들어 소그룹 리더나 동역자들과 공유하세요.

* 주보 및 디자인

  ① Canva(https://www.canva.com/)

  • 무료 디자인 도구, 한글 완벽 지원

  • 주보, 전도지, SNS 카드, 행사 포스터 제작에 매우 유용

  ② 템플릿 예시:

  • 주일예배 주보: Letter 사이즈, 앞면 - 설교제목과 말씀, 뒷면 - 광고 및
    기도 제목

  • 환영 카드: "처음 오신 분을 환영합니다!" 디자인 카드 출력용

  ③ 교회 소통 및 홍보

  ④ 카카오톡 채널 / 단톡방

  • 교회 소식, 행사 안내, 기도 제목 공유

  • 새 가족 환영, 생일 축하 등 개인 알림도 가능

  ⑤ Facebook or Instagram / 블로그

  • 행사 사진, 묵상 나눔, 홍보글 등을 통해 외부와 소통

  • 설교 요약, 한 주 묵상 나눔 카드 등 정기적으로 포스팅

제3부

목회자의 인격과 영성

(The Pastor's Spiritual Character and Leadership)

6장

목회자의 영적 리더십

(Spiritual Leadership of the Pastor)

죽어가는 교회의 5가지 표지[1]

1. 죽어가는 교회는 과거를 숭배한다.

늘 "예전에 우리가 그랬던 방식"만을 붙잡고 있다.

2. 죽어가는 교회는 변화에 대해 무심하며 오히려 저항한다.

사역에 대한 새로운 접근은 늘 회의적이거나, 반대하거나, 두려움으로 반응한다.

3. 죽어가는 교회는 종종 육적이고 게으른 리더십을 갖고 있다.

교만, 안일함, 특권 의식에 사로잡힌 채, 목회자나 사역자 들은 그저 은퇴라는 항구를 향해 나아가는 배 위에서 태 평하게 시간을 보내고 있다.

---

[1] Charles R. Swindoll, *Swindoll's New Testament Insights on Revelation*, Grand Rapids, MI: Zondervan, 2011, pp. 69-70.

4. 죽어가는 교회는 어린이와 청소년을 소홀히 한다.

첫째 표지와 맞물려 어린이나 청소년 혹은 젊은 이들은 자신들의 필요가 무시되기 때문에 교회에 실망하게 되어 떠나게 된다.

5. 죽어가는 교회는 전도와 선교의 열정이 없다.

자신들의 필요와 좋은 것, 편안함에 몰두한 채, 잃어버린 영혼의 구원에 대해 형식적이고 별로 마음이 없다.

곧 문 닫게 될 병든 교회의 10가지 증상[2]

1. 교회 각종 예배에 참석하는 인원이 줄어든다.

2. 교인들이 교회 행사나 제자 훈련, 그룹모임 등의 발걸음이 뜸하다.

3. 예배의 역동성이 떨어져 은혜를 받지 못한다.

4. 전도의 열매가 거의 없다.

5. 방문하는 사람도 전혀 없다.

6. 지역 사회에 영향력을 잃어버린다.

7. 회의를 자주 하면서, 사역에 쏟아부어야 할 에너지와 시간을 낭비한다.

8. 회의를 하더라도 싸우면서 분노와 쓴 뿌리로 돌아온다.

---

2 Thom S. Rainer, *Autopsy of a Deceased Church: 11 Lessons from Churches That Died.* Nashville: B&H Publishing Group, 2014. 특히 제 1장 "The Anatomy of a Sick Church — 10 Symptoms to Watch" 참조. (우리말 번역서는 '죽은 교회를 부검하다' 두란노서원

9. 예배 형식, 순서, 찬양, 설교 등을 놓고 끝없이 논쟁을 한다.

10. 사역자들에게 비현실적인 기대를 하며, 고용인들로 여긴다.

참된 리더의 26가지 특징[3]

1. Trustworthy 믿을 만하다.

2. Take the Initiative 주도권을 행사한다.

3. Uses good judgment 건전한 판단력을 가지고 있다.

4. Speaks with authority 권위를 가지고 말한다.

5. Strengthen others 다른 사람에게 힘을 준다.

6. Optimistic and enthusiastic 낙관적이고 열정적이다.

7. Never compromises the absolutes 절대기준을 놓고 타협하지 않는다.

8. Focuses on objectives, not obstacles 장애물보다 목표에 집중한다.

9. Empowers by example 본을 보여 능력을 부여한다.

10. Cultivate loyalty 충성심을 심어준다.

11. Has empathy for others 다른 사람들을 동정한다.

12. Keeps a clear conscience 깨끗한 양심을 지킨다.

13. Definite and decisive 확실하고 단호하다.

14. Knows when to change his mind 마음을 바꾸어야 할 때

---

3 Cf. John MacArthur, *Called to Lead: 26 Leadership Lessons from the Life of the Apostle Paul.* Thomas Nelson, 2010.

를 안다.

15. Does not abuse his authority 권위를 남용하지 않는다.

16. Doesn't abdicate his role in the face of opposition 반대에 부딪힐 때 자기 역할을 포기하지 않는다.

17. Sure of his calling 자신의 소명에 대하여 확신을 갖는다.

18. Knows his own limitations 자신의 한계를 안다.

19. Resilient 칠전팔기의 기백이 있다.

20. Passionate 열정이 있다.

21. Courageous 용감하다.

22. Discerning 영적 분별력이 있다.

23. Disciplined 훈련된 사람이다.

　　1) Plan well 계획을 잘 세운다.

　　2) Use time wisely 시간을 지혜롭게 사용한다.

　　3) Not just for fun, but find ways to grow 단순한 오락이 아닌 발전의 길을 찾는다.

　　4) Pay attention to small things 작은 일에 주의한다.

　　5) Take more responsibility 책임을 더 많이 진다.

　　6) Finish what he starts 한번 시작한 일은 반드시 끝을 낸다.

　　7) Keep the promises 약속을 지킨다.

　　8) Say 'No' to himself often 수시로 자신에게 NO 한다.

24. Energetic 강인한 정신력이 있다.

25. Knows how to delegate 위임을 할 줄 안다.

26. **Being Christlike** 그리스도를 닮은 사람이다.

1. 리더십의 정체성: 목회자는 누구인가?

1) 성경적 정체성

- 목회자는 목자($\pi o\iota\mu\acute{\eta}\nu$)이다:

  내 양을 먹이라 ... 내 양을 치라(요 21:15-16).

- 목회자는 청지기($o\grave{\iota}\kappa o\nu\acute{o}\mu o\varsigma$)이다:

  맡은 자에게 구할 것은 충성이니라(고전 4:2).

- 목회자는 사자($\kappa\hat{\eta}\rho\upsilon\xi$)이다:

  때를 얻든지 못 얻든지 말씀을 전파하라(딤후 4:2).

즉, 목회자는 허락하신 양들을 이끌 때에 권위가 아닌 영적으로 선한 영향력으로 인도하며, 늘 기도와 하나님의 말씀 연구 및 선포가 균형있게 드러나며, 때로 실패 했어도 교훈을 삼고 주님이 함께 하심을 믿으며 신실하게 미래지향적으로 나가는 진정한 리더십이 필요하다.

2) 작은 교회의 적용

- 모든 역할을 혼자 감당해야 한다(설교자, 행정가, 전도자, 사찰, 디자이너 등).
- 하지만, 자신의 근본 정체성은 <하나님의 사자>, 즉 '하나님의 사람'이며 '말씀의 종'임을 잊지 말아야 한다.

2. 리더십의 근원: 영적 리더십은 '하나님의 임재'에서 나온다.

1) 모세와 12제자의 리더십

- 하나님은 모세에게 "내가 반드시 너와 함께 있으리라"고 하셨다(출 3:12).
- 12제자들에게도 예수님은 "내가 세상 끝날까지 너희와 항상 함께 있으리라"(마 28:20절하) 약속하셨고, 그 후 오순절에 성령을 보내주신 후에는 우리 심령에 성령으로 인치시고(엡 1:13), 영원도록 내주하신다(고전 3:16).
- 진정한 리더십은 하나님의 임재를 경험하고 그분의 음성을 듣는 사람에게 주어진다. 기억하라. 어제도 함께 하셨고, 오늘도 함께 하고 계시고, 내일도 함께 하실 것이다. '함께 해주세요'가 아니라, 온전히 신뢰하며 '함께 하심을 감사드립니다'라고 기도하라.

2) 적용

- 외로움과 불확실함 속에서 기도와 말씀이 리더십의 중심이 되어야 한다.
- 말씀 묵상의 깊이만큼 리더십의 깊이가 생긴다.

3. 리더십의 본질: 섬김과 희생

> 너희 중에 누구든지 크고자 하는 자는 너희를 섬기는 자가 되어야 하고(마 20:26).

세상적인 위대함은 피라미드와 같다. 위대한 사람의 특권과 힘은 그 아래 많은 사람의 섬김 위에 있다. 그러나 하나님 나라는 피라미드를 거꾸로 세운 것과 같다. 자신 위에 많은 사람을 섬기고 있는 사람이 위대한 사람이다. 그래서 섬기는 자가 되라, 종이 되라고 한다. 하나님 영광의 길은 종의 길이다. 경건한 위대함은 참된 겸손으로부터 온다.

여기 '섬기는 자'(servant)는 헬라어 원어로 διάκονος 집사(deacon)이라는 단어가 여기서 유래되었다. 주로 집 청소나 식탁에 수종 들던 종들을 가리키는 말이었다. 즉 다른 사람을 위하여 예수 그리스도의 이름으로 기꺼이 희생하는 것이 참된 주의 종의 표시다. 가짜 종은 다른 사람을 위한 고난을, 고통을 피하지만 참된 종은 받아들인다.

1) 예수님의 모델

- 제자들의 발을 씻기신 예수님(요 13장)
- 생명까지 내어 주신 십자가의 본

2) 적용

- 누구보다 먼저 희생하고, 먼저 헌신하고, 먼저 사랑해야 한다.
- 교인 한 사람 한 사람에게 예수님의 마음으로 다가가는 태도가 필요하다.

4. 리더십의 실천: 소통, 결단, 양육

1) 소통

- 말하는 것보다 경청이 중요하다.

사람마다 듣기는 속히 하고 말하기는 더디 하며 성내기도 더디 하라(약 1:19).

- 성도들의 의견을 성숙하게 수용할 수 있는 열린 마음이 필요하다.

2) 결단

- 때로는 빠르고 명확한 결단이 요구된다.
- 말씀과 기도로 분별한 후에는 담대하게 이끌어야 한다.

3) 양육

- 양육 훈련 후에 영적 지도자를 세워야 한다.
- 기도와 말씀 훈련을 통해 동역자를 키워야 한다.
- 영적인 은사를 진단하여 개발하게 한다.

참고- 국제 제자 훈련원의 '영적 은사 진단 검사'를 사용하거나, 다음 web page를 사용하라. https://boanuge.github.io/ biblesmith/ Public/ cc.mannam.File/ PDF_SpiritualGiftTestKorean.pdf

5. 리더십의 열매: 교인들의 믿음이 자라 주님을 닮아가는 공동체

우리가 다 하나님의 아들을 믿는 것과 아는 일에 하나가 되어 온전한 사람을 이루어 그리스도의 장성한 분량이 충만한 데까지 이르리니(엡 4:13).

우리를 향한 하나님 아버지의 소원은 자신을 닮는 것이다. 자녀에게 좋은 것을 기대하는 아버지의 마음이다. 우리 하나님께서는 결코 우리를 구원하신 후에, 그래 이제 천국가게 되었으니까 이 세상에서 마음대로 막살라고 하지 않으신다. 우리 모두는 주님께서 부르시는 그날까지, 우리 안에 죄성이 모두 없어지고 영광의 몸으로 변할 때까지 훈련을 받아야 한다.

1) 건강한 리더십은 공동체를 성장시킨다.

- 단지 숫자가 아니라, 교인 한 사람의 변화와 성장을 기뻐할 수 있는 리더가 되어야 한다.

2) 교인들이 함께 책임을 지고, 비전을 공유하는 공동체로 성장할 때, 교회는 든든히 서게 된다.

- 결론: 영적 리더십의 출발은 다시 "무릎"이다. 성령충만, 은혜충만, 말씀충만이다.

목회자의 리더십은 결국 자신이 주님의 다스림을 받고 있는 가에서 시작된다. 외롭고, 결과가 더뎌 보일 수 있지만, 그 길에 하나님이 함께 하신다는 약속을 믿고, 하나님의 임재 안에서 말씀과 기도로 자신을 세우며, 충성된 리더로 빚어 지길 축복한다.

* 묵상 질문

1. 나는 나 자신을 목자(ποιμήν)로 더 인식하고 있습니까, 아니면 관리자·운영자로 더 인식하고 있습니까?

2. 나는 결과 중심의 목회자입니까, 충성 중심의 목회자입니까?

3. 나는 지금도 "때를 얻든지 못 얻든지"(딤후 4:2) 말씀을 전하는 사자(κῆρυξ)의 두려움과 담대함을 함께 품고 있습니까?

4. 실패와 낙심의 순간에 나는 자기 비난으로 무너집니까, 아니면 주님의 동행을 다시 붙들며 일어섭니까?

5. 나는 지금 너무 많은 역할을 혼자 감당하며, 정체성보다 기능에 매여 있지는 않습니까?

6. 내 하루의 우선 순위와 시간 사용에 실제로 반영되고 있습니까?

7. 나는 지금 "함께 해주세요"라고 기도하는 단계에 머물러 있습니까, 아니면 "이미 함께 하심을 감사합니다"라고 기도하는 단계에 들어와 있습니까?

8. 지금 나의 사역은 사람의 기대에 대한 반응입니까, 하나님의 임재에 대한 순종입니까?

9. 외로움과 불확실함 속에서 나는 기도를 먼저 찾습니까, 아니면 사람을 먼저 찾습니까?

10. 내 리더십의 깊이는 정말로 말씀 묵상의 깊이와 비례하고 있습니까?

11. 나는 지금 섬기는 리더입니까, 아니면 섬김을 받는 리더가 되어 가고 있습니까?

12. 나는 고난과 불편을 피하는 종입니까, 아니면 기꺼이 받아들이는 종입니까?

13. 나는 십자가를 구원의 상징으로만 바라보고, 리더십의 방식으로는 외면하고 있지는 않습니까?

14. 나는 말하는 데 더 빠른 리더입니까, 듣는 데 더 빠른 리더입니까?(약 1:19)

15. 성도들의 의견이 내 생각과 다를 때, 나는 방어합니까, 아니면 기도로 분별합니까?

16. 나는 결단 앞에서 사람의 반응을 더 두려워합니까, 하나님의 뜻을 더 두려워합니까?

17. 나는 지금 사역자를 키우는 목회자입니까, 아니면 혼자 일하는 목회자입니까?

18. 우리 교회에는 기도와 말씀 훈련을 통해 세워지고 있는 동역자가 실제로 존재합니까?

19. 나는 성도들의 영적 은사를 발견하고 격려하는 일에 얼마나 의도적으로 시간을 쓰고 있습니까?

20. 우리 교회의 가장 큰 기쁨은 사람 수의 증가입니까, 아니면 한 영혼의 실제 변화입니까?

21. 교인들은 지금 '함께 책임지는 공동체'로 자라 가고 있습니까, 아니면 '소비하는 교인'으로 머물러 있습니까?

22. 나는 지금도 리더십의 출발을 회의실이 아니라 무릎에서 시작하고
있습니까?

23. "주는 나의 목자시니 내가 부족함이 없으리로다"(시 23:1)라는 고백이
지금도 내 마음 깊은 곳에서 참으로 울리고 있습니까?

[참고] 진정한 리더십 교훈은 어디서 오는가?[4]

~ by James Emery White, Mecklenburg Community Church

A. 실패를 통해 배우는 리더십(Own Your Mistakes)

진정한 리더는 자신의 실수를 외면하지 않고, 겸손히 인정할 줄 아는 사람입니다. 이는 "너희 중에 죄 없는 자가 먼저 돌로 치라"(요 8:7) 하신 예수님의 말씀처럼, 남을 정죄하기보다 자신을 돌아보는 태도입니다.

* 핵심 원리:

• 남 탓하는 삶에는 성장이 없습니다.

• 나의 실패 속에서 무엇을 배워야 할지를 질문하십시오.

• 특별히 남에게 상처받았을 때조차, 하나님 앞에서 내 책임을 겸손히 묻는 태도가 필요합니다.

* 적용 질문:

• 최근 실수한 일이 있다면, 하나님 앞에서 진실하게 돌아보았습니까?

• 그 상황에서 나는 어떤 부분을 더 잘할 수 있었을까요?

---

4 "How to Gain Leadership Lessons," unpublished article attributed to James White Emery White, Mecklenburg Community Church

B. 패턴을 보라: 원인과 결과의 반복(Look for Patterns)

하나님은 우리 삶에 반복되는 상황을 통해 경고하거나 교훈하십니다. 마치 광야에서 반복된 이스라엘 백성의 불순종처럼, 동일한 실패는 결국 교훈을 외면한 결과입니다.

＊영적 원리:

지혜 있는 자는 재앙을 보면 숨어 피하거니와(잠언 22:3).

- 성도는 동일한 실수를 반복하지 않도록 하나님께서 보여 주신 삶의 패턴을 기억하고 적용해야 합니다.
- 리더십은 단회성 행동이 아니라 반복되는 선택에서 드러납니다.

＊예시 패턴:

- 급하게 사람을 뽑아 문제가 생겼다면, 다음부터는 인내하고 기도하십시오.
- '작은 문제'로 여긴 것이 나중에 '큰 위기'로 번졌다면, 사소한 것도 즉시 처리해야 합니다.
- 자주 비전이 흐려지는 조직이라면, 정기적으로 말씀과 방향을 선포해야 합니다.

C. 검증된 리더에게서 배우라(Learn from Tested Leaders).

솔로몬은 "지혜는 지혜로운 자의 입에서 나오고, 어리석은 자는 훈계를 멸시한다"(잠언 15:2,5)고 했습니다. 그러므로 참된 리더십을 배우고자 한다면, 책이 아닌 '사람'에서 배워야 합니다.

* 도전의 말씀:

• 성공보다는 "지속된 순종"과 "끝까지 충성된 리더"에게서 배우십시오.

• 스스로 묻고 배우는 태도를 가질 때, 하나님께서 적절한 멘토를 허락하십니다.

━━ **7장** ━━

심방과 상담

(Visitation and Pastoral Counseling)

목회에 있어서 심방은 꼭 필요한 사역이다. 물론 21세기 들어오면서 교인들은 심방을 원하지 않거나, 집으로의 심방보다 식당이나 찻집, 교회 사무실로 찾아와 상담을 원하는 방향으로 흐르고 있다. 물론 장소가 중요하지 않다. 만남이 중요하다. 하지만, 아늑한 분위기의 집이나 담임목사 목양실이 좋다.

개혁주의적 상담의 본질은 인간 문제의 근원을 죄와 타락, 해결을 그리스도의 복음과 성령의 은혜로 회복시키는 돌봄이다. 심리학적 자기 치유 중심이 아니라, 말씀과 성령에 의해 심령을 새롭게 하는, 성화를 돕는 사역이다.

1. 인간의 모든 문제의 근원: 죄

세상 상담은 주로 환경·트라우마·자존감 부족을 문제의 원인으로 보지만 개혁주의 상담은 인간의 깊은 죄성에서 출발한다.

마음에서 나오는 것은 악한 생각, 살인, 간음, 음란, 도둑질, 거짓증언
과 비방이니 이런 것들이 사람을 더럽게 하는 것이요(마 15:19-20절상)
기록된바 의인은 없나니 하나도 없으며(롬 3:10).

즉, 내면의 고통과 관계의 상처를 다룰 때 죄의 현실을 회피하지
않는다. 죄 문제의 해결이 첫 단추입니다.

2. 해결: 그리스도의 은혜와 구속

우리는 인간적으로 상처가 아물어 회복되는 것이 아니라, 그리
스도 안에서 새 사람이 됨으로 회복된다. 죄가 씻어짐으로 수직적
인 하나님과의 관계가 회복이 되고 나서, 수평적인 인간관계가 회
복이 가능해진다.

그런즉 누구든지 그리스도 안에 있으면 새로운 피조물이라(고후 5:17).

그가 채찍에 맞음으로 너희가 나음을 입었도다(벧전 2:24).

회복은 심리적 평안이 아니라 복음 안에서의 새 삶이다. 예수 그리
스도의 피를 의지함으로 회개하여 성령이 주시는 평안과 기쁨이다.

3. 방법: 진리로 권면하고, 은혜로 위로한다.

바울의 목회 상담 모델이 핵심이다.

> 너희도 아는 바와 같이 우리가 너희 각 사람에게 아버지가 자기 자녀에게 하듯 권면하고 위로하고 경계하노니(살전 2:11).

> 범사에 오래참음과(말씀으로)가르침으로 경책하며 경계하며 권하라(딤후 4:2절하).

- 개혁주의 목회자는 죄를 지적하지만 정죄하지 않고,
- 복음을 제시하되 형식이 아니라 실제 복음의 능력으로 전하며,
- 성도가 죄를 회개하여 주님께 돌아가도록 돕는다.

4. 변화: 성령의 역사와 성화의 여정

인간의 변화는 어떤 힘이나 대화 기술이 아니라 성령의 사역이다.

> 너희 안에서 행하시는 이는 하나님이시니 자기의 기쁘신 뜻을 위하여 너희에게 소원을 두고 행하게 하시나니(빌 2:13)

오직 성령의 열매는 사랑과 희락과 화평과 오래참음과 자비와 양선과 충성과 온유와 절제니 이같은 것을 금지할 법이 없느니라 (갈 5:22-23).

- 개혁주의 상담은 단순한 문제 해결이 아니라, 성령의 열매가 맺히는 삶으로 인도한다.
- 개인적인 변화, 성화를 체험한다.

5. 동행: 공동체 안에서의 치유

때로는 혼자 치유되지 않고 교회 공동체 안에서 회복된다.

너희가 짐을 서로 지라 그리하여 그리스도의 법을 성취하라(갈 6:2).

마음이 약한 자들을 격려하고 힘이 없는 자들을 붙들어 주며 모든 사람에게 오래 참으라(살전 5:14절하).

상한 갈대를 꺾지 아니하며 꺼져가는 등불을 끄지 아니하고 진실로 정의를 시행할 것이며(사 42:3).

예수께서 온 갈릴리에 두루 다니사 그들의 회당에서 가르치시며 천국 복음을 전파하시며 백성 중의 모든 병과 모든 약한 것을 고치시니라(마 24:23; 9:35).

교회는 상한 갈대를 꺾지 않는, 꺼져가는 등불을 끄지 않는 은혜의 치유 공동체가 되어야 한다.

6. 개혁주의 상담의 실제 적용 예

상황	개혁주의적 접근
우울·낙심	정죄하지 않고 → 시편의 탄식·위로, 소망 주기
죄의 반복	은혜로 회개 인도, 실천적 거룩 훈련
가정 문제	십자가 사랑, 용서, 권면, 역할 회복
중독	죄 + 영적 포로 상태 → 복음·공동체 훈련

*묵상 질문

1. 나는 상담할 때 사람의 문제를 환경과 상처 중심으로만 보고 있지는 않습니까?

2. 나는 죄의 뿌리를 정직하게 다루고 있습니까, 아니면 피해 가고 있습니까?

3. 나는 성도의 고통을 들을 때, 동정만 하고 죄의 문제는 침묵하고 있지는 않습니까?

4. 나는 회복을 말할 때, 심리적 안정을 더 강조합니까, 아니면 '그리스도 안에서의 새 사람 됨'(고후 5:17)을 더 강조합니까?

5. 나 자신은 지금도 그리스도의 보혈로 날마다 죄 사함을 의지하며 살고 있습니까?

6. 나는 문제를 해결해 주는 상담자인가, 아니면 죄인을 십자가 앞으로 인도하는 복음의 증인인가를 돌아보셨습니까?

7. 나는 권면할 때 '아버지의 마음'(살전 2:11)으로 권면합니까, 아니면 정답을 말하는 교사처럼 말하고 있지는 않습니까?

8. 성도의 죄를 지적할 때, 나는 정죄와 책망 사이를 분별하고 있습니까?

9. 내 상담 속에는 '회개로 이끄는 사랑'과 '다시 일어설 수 있는 소망'이 함께 존재하고 있습니까?

10. "너희 안에서 행하시는 이는 하나님이시니"(빌 2:13)라는 말씀을 상담 현장에서 끝까지 신뢰하고 있습니까?

11. 성도들의 변화가 더딜 때, 나는 조급해집니까, 아니면 성령의 때를 기다립니까?

12. 내 삶 안에서도 '성령의 열매'(갈 5:22-23)가 실제로 자라고 있습니까?

13. 우리 교회는 연약한 자들을 '격려하는 공동체'(살전 5:14)입니까, 아니면 빨리 판단하는 공동체입니까?

14. 나는 상담 대상자를 상한 갈대처럼 조심스럽게 대하고 있습니까?(사 42:3)

15. 나는 낙심한 성도에게 조급한 조언보다 시편의 탄식과 하나님의 위로를 먼저 건네고 있습니까?

16. 나는 가정 문제를 다룰 때 십자가의 용서와 자기 부인의 길을 분명히 제시하고 있습니까?

17. 나는 중독을 단순한 습관의 문제가 아니라, 영적 포로 상태로 바라보고 복음과 공동체로 인도하고 있습니까?

8장

교회 안의 갈등 해소
(Resolving Church Conflicts)

지상 교회는 불완전하기 때문에 교회 안에서 갈등이 일어나는 것은 지극히 당연하다. 초대교회 시절에도 유대인 그리스도인과 헬라인 그리스도인 간의 문제(사도행전 6장), 바울과 마가의 갈등(사도행전 15장), 고린도교회의 분쟁(고린도전서) 등 성경 곳곳에서 다양한 교회 안의 갈등의 사례를 볼 수 있다. 그러나 중요한 것은 갈등이 있을 때 그것을 '어떻게 풀어 가느냐'에 따라 공동체의 성숙이 결정된다는 것이다.

교회 안의 갈등으로 인하여 분열을 조장하는 영적 본질은 사탄 마귀의 역사다. 즉, 그들 배후에 있는 악한 영들을 물리쳐야 한다.

그는 처음부터 살인한 자요 진리가 그 속에 없으므로 진리에 서지 못하고 거짓을 말할 때마다 제 것으로 말하나니 이는 그가 거짓말쟁이요 거짓의 아비가 되었음이라(요 8:44).

뱀이 그 간계로 하와를 미혹한 것 같이 너희 마음이 그리스도를 향하는 진실함과 깨끗함에서 떠나 부패할까 두려워하노라(고후 11:3).

너희는 아직도 육신에 속한 자로다 너희 가운데 시기와 분쟁이 있으니 어찌 육신에 속하여 사람을 따라 행함이 아니리요(고전 3:3).

다음은 교회 안에서 갈등을 해소하기 위한 성경적이고 실제적인 전략이다.

1. 기도로 시작하기

• 하나님 앞에 겸손히 나아가기

너희 중에 누구든지 지혜가 부족하거든 모든 사람에게 후히 주시고 꾸짖지 아니하시는 하나님께 구하라 그리하면 주시리라(약 1:5).

너는 내게 부르짖으라 내가 네게 응답하겠고 네가 알지 못하는 크고 은밀한 일을 네게 보이리라(렘 33:3).

먼저 기도로 마음을 준비하고, 모든 해결의 지혜가 하나님께로부터 온다는 믿음을 가져야 한다.

2. 관계의 본질을 회복하기

• 사랑 안에서 진실을 말하기

오직 사랑 안에서 참된 것을 하여 범사에 그에게 까지 자랄지라(엡 4:15).

갈등 상황에서는 말보다 마음이 중요하며, 진리를 말하되 사랑으로 말하는 것이 기본입니다.

• 서로 용납하고 용서하기

누가 누구에게 불만이 있거든 서로 용납하여 피차 용서하되 주께서 너희를 용서하신 것 같이 너희도 그리하고(골 3:13).

우리가 우리에게 죄 지은 자를 사하여 준 것 같이 우리 죄를 사하여 주시옵고(마 6:12).

믿는 사람은 누구나 용서할 수 있어야 한다. 용서하고 용납할 수 있도록 성령의 도우심을 구하라. Forgive and Forget!

3. 문제를 공개적으로 다루지 말고 사적으로 다루기

• 예수님의 가르침대로 행하기

마태복음 18:15-17은 갈등을 단계적으로 해결하는 지혜를 가르친다.

• 개인적으로 대화하기
• 두세 사람과 함께
• 교회 공동체와 함께

4. 중재자를 세우기

• 영적 지도자 혹은 영적으로 성숙한 제3자의 도움 받기

감정이 격해졌을 경우, 중립적인 위치에 있는 중재자를 통해 서로의 입장을 조율할 수 있다. 바울도 빌레몬서에서 오네시모 문제를 중재하고 있다.

5. 회개의 기회를 만들기

• 서로 자신의 잘못을 인정하고, 회복을 위한 시간 갖기

너희가 서로 죄를 고하며 병 낫기를 위하여 서로 기도하라 의인의
간구는 역사하는 힘이 많으니라(약 5:16).

죄의 고백과 용서는 회복의 출발점이 될 수 있다.

6. 공동체 안에서 소통 채널 정비

• 갈등을 예방할 수 있는 정기적인 소통의 장 마련하기
예: 정기적인 모임, 지도자들과의 정기적인 대화 시간 등 신뢰의
문화는 평소에 만들어지는 것이다.

7. 회복을 위한 공적 선언과 기도

• 갈등이 해소되었을 때 교회 앞에서 하나 됨을 선포하기

교회는 그리스도의 몸입니다. 갈등이 해소되어 회복의 순간은
하나님의 영광을 드러내는 기회가 된다. 감사와 찬양으로 나가라!

1. 나는 지금 교회 안의 갈등을 부끄러운 실패로 보고 있습니까, 아니면 공동체를 성숙시키시는 하나님의 시험으로 보고 있는가?

2. 갈등이 생길 때, 나는 먼저 사람의 말에 흔들립니까, 아니면 하나님의 뜻 앞에 무릎을 꿇습니까?

3. 지금 우리 교회의 갈등 뒤에 사탄의 분열의 역사가 틈타고 있지는 않은지 진지하게 분별하고 있는가?(요 8:44; 고후 11:3; 고전 3:3)

4. 나는 갈등을 만났을 때 기도보다 먼저 해명과 변명을 찾지는 않는가?

5. "지혜를 구하라"(약 1:5)는 말씀 앞에서, 나는 정말로 하나님의 지혜를 구하고 있나?

6. 나는 갈등 가운데서 진리는 말하지만 사랑은 잃고 있지는 않는가? 내 말은 지금 상대를 살리는 말입니까, 아니면 이기는 말인가?(엡 4:15)

7. 나는 지금 마음속에 용서하지 못한 사람이 있는가?

8. "Forgive and Forget" 이 머리로만 아니라 내 삶의 실제가 되고 있는가?

9. 나는 문제를 사람들에게 먼저 말하고 있지는 않습니까?

10. 지금 다루고 있는 갈등은 사적으로 먼저 다룰 문제입니까, 아니면 공동체가 함께 기도해야 할 문제입니까?

11. 나는 갈등 속에서 중립적이고 영적으로 성숙한 중재자의 도움을 기꺼이 받을 수 있는가?

12. 혹시 제 마음속에는 '내가 옳다'는 교만이 중재를 막고 있지는 않
  습니까?

13.나는 지금 갈등의 원인을 항상 남에게서만 찾고 있지는 않은가?

14. 지금 이 갈등은 누군가를 정죄하기 위한 자리가 아니라, 모두가 함께
  회개해야 할 자리는 아닙니까?

15. 나는 갈등이 해결되었을 때, 그것을 감추고 끝내는 것이 아니라 하나
  님께 영광 돌리는 회복의 간증으로 선포할 준비가 되어 있는가?

16. 갈등의 회복이 교회의 패배가 아니라, 하나님의 승리라는 사실을 정
  말로 믿고 있나?

17. 나는 지금 갈등을 사람의 문제로만 보고 있습니까, 아니면 영적 전쟁
  의 자리로 보고 기도로 싸우고 있는가?

18. 지금 이 갈등은 우리 공동체를 찢기 위한 도구입니까, 아니면 하나님
  께서 더 깊은 성숙으로 이끄시는 통로인가?

제4부

가정과 삶의 목회
(Pastoral Care for Family and Life)

9장

건강한 부부생활

(Healthy Christian Marriage)

1. 가정은 작은 교회

성경은 하나님을 믿는 가정을 단순한 사회적 단위로 보지 않는다. 오히려 하나님께서 임재하시고, 말씀과 사랑과 거룩이 흘러가는 '작은 교회'로 보십니다. 교회는 건물이 아니라 말씀과 성령으로 거듭난 사람들이 모여 하나님 나라를 살아내는 공동체이고, 바로 그 기초가 가정이다.

1) 가정은 하나님께서 세우신 최초의 교회

두 세 사람이 내 이름으로 모인 곳에는 나도 그들 중에 있느니라 (마 18:20).

또 그들의 집에 있는 교회에게 문안하라(롬 16:5상).

아굴라와 브리스가와 그 집에 있는 교회가 주 안에서 너희에게 간절히 문안하고(고전 16:19하).

예수님은 많고 적은 숫자가 아니라 그분의 이름으로 모이는 공동체에 임재하시겠다고 약속하셨다. 그렇다면 남편과 아내, 부모와 자녀가 주님의 이름으로 함께 기도하고, 말씀을 붙들고, 서로를 사랑하며 용서하는 그 자리는 이미 주님의 임재가 있는 '작은 교회'다.

2) 가정은 신앙이 전수되는 첫 번째 교회

오늘 내가 네게 명하는 이 말씀을 너는 마음에 새기고 네 자녀에게 부지런히 가르치며 집에 앉았을 때에든지 길을 갈 때에든지 누워있을 때에든지 일어날 때에든지 이 말씀을 강론할 것이며(신 6:6-7).

하나님은 신앙교육의 첫 장소를 가정으로 정하셨다. 부모가 말씀을 마음에 새기고 자녀에게 부지런히 가르치는 곳—그것이 교회 사역의 시작이다. 그러므로 믿는 가정은 자연스럽게 예배와 교육이 이루어지는 '작은 교회'다.

3) 가정은 말씀과 기도가 흐르는 영적 공동체

바나바가 사울을 찾으러 다소에 가서 만나매 안디옥에 데리고 와
서 둘이 교회(그 집)에서 1년간 모여 있어 큰 무리를 가르쳤고 제자
들이 비로소 안디옥에서 그리스도인이라 일컬음을 받게 되었더라
(행 11:25-26).

라오디게아에 있는 경제들과 눔바와 그 여자의 집에 있는 교회에게
문안하고(골 4:15; 몬 1:2).

초대교회는 대부분 가정에서 모였습니다. 빌립보의 루디아의
집, 고린도 브리스길라와 아굴라의 집, 골로새익 눔바의 집 등, 가
정 자체가 교회 역할을 했다. 오늘날 믿는 가정도 동일합니다. 말
씀과 기도, 사랑과 섬김이 흐르는 곳이라면, 그곳이 곧 하나님의
교회다.

4) 가정은 성령께서 다스리시는 작은 하나님 나라

어느 집에 들어가든지 먼저 말하되 이 집에 평안이 있을지어다 하
라(눅 10:5).

그와 온 집안이 하나님을 믿으므로 크게 기뻐하니라(행 16:34하).

성령께서 임하시면 가정은 평안과 기쁨, 감사와 거룩이 흐르는 곳이 된다. 부부가 서로 사랑하고, 자녀가 존중을 배우고, 가정 안에서 서로 용서와 회복이 일어나는 삶은 교회의 본질적 사역이 가정에서 먼저 실현되는 모습이다.

5) 믿는 가정은 단순한 사적 공간이 아니라, 하나님이 거하시는 작은 교회이며, 말씀과 성령이 흐르는 첫 번째 교회요, 신앙이 자라고 전수되는 거룩한 터전이다.

그러므로 성도는 가정을 돌보는 일을 곧 교회를 세우는 일로 이해해야 한다. 가정을 세우는 일은 하나님 나라를 세우는 일이며, 주님이 기뻐하시는 영적 사역이다.

2. 건강한 부부생활 –연합과 영적 친밀

우리 사회(이민 사회를 포함하여)는 2000년을 지나면서 급격히 깨어지는 가정이 늘어가고 있습니다. 심지어 믿는 사람들 사이에서도 별반 다르지 않습니다. 믿는 자들과 사상과 삶의 목적이 다른 불신자들이 그렇다면 이해가 되는데, 왜 믿는 자들이 결혼을 했는데도 그럴까요?

1) 부부생활과 자아상(self-esteem)

*** 건전한 자아상의 특징:**

① 가치관이나 삶의 철학을 소중이 여기며 확고한 목표의식이 있다. 사명에 함께 헌신하며, 성령님의 인도를 받는다.

② 항상 최선을 다하며, 누가 나를 인정해주지 않아도 좌절하지 않는다.

③ 과거의 실수에 집착하지 않고 미래에 대하여 불안해하지 않는다.

④ 나의 실수를 인정하고, 개선하려고 노력한다.

⑤ 다른 사람의 약점이나 결함보다 장점과 가능성을 발견하려고 한다.

⑥ 다른 사람과 비교하지 않는다.

⑦ 남을 칭찬하고 인정하며 도와주는 일에 인색하지 않다.

*** 이런 특징들의 건전한 자아상이 없는 사람들은:**

① 열등의식을 가지고 산다.

② 대인관계, 부부관계 어려움이 있다.

> 주께서 내 내장을 지으시며 나의 모태에서 나를 만드셨나이다 내가 주께 감사하옴은 나를 지으심이 심히 기묘하심이라 주께서 하시는 일이 기이함을 내 영혼이 잘 아나이다 내가 은밀한 데서 지음을 받

고 땅의 깊은 곳에서 기이하게 지음을 받은 때에 나의 형체가 주의 앞에 숨겨지지 못하였나이다. 내 형질이 이루어지기 전에 주의 눈이 보셨으며 나를 위하여 정한 날이 하루도 되기 전에 주의 책에 다 기록이 되었나이다 하나님이여 주의 생각이 내게 어찌 그리 보배로우신지요 그 수가 어찌 그리 많은지요 내가 세려고 할지라도 그 수가 모래보다 많도소이다 내가 깰 때에도 여전히 주와 함께 있나이다(시 139:13-18).

*** 건전한 자아상을 위하여 필요한 것들**

① 사랑받고 있다는 소속감

② 자신의 가치에 대한 인식

* 주님과의 인격적인 교제를 통해 죄의식을 버리고 자긍심을 가져라. 부부생활에서 중요한 것은 배우자가 내게 알맞고 좋은 사람이기를 바라는 것이 아니라, 내가 배우자에게 알맞고 좋은 사람이 되는 것이다.

2) 은혜가 풍성한 부부(성경적 결혼관)

주님께서 우리에게 단순한 영혼 구원이 아니라 풍성한 은혜를 누리게 하셨습니다(요 10:10). 그러나 사탄, 마귀는 이 은혜를 누리지 못하도록 방해하고 있습니다. 주님께서 원하시는 부부의 모습을 지켜가면 얼마든지 풍성한 삶을 살 수 있습니다. 기억해야 할 것은 부부관계는 언약관계이다.

창세기 2:18-24 하나님의 계획: 결혼의 목적

① 돕는 배필

② 가정의 질서

③ 떠남과 육체적, 정신적, 영적 하나됨의 원리

④ 상호 보완(영적, 성격적, 사회적)으로 성숙

에베소서 5:22-33 남편과 아내의 의무

① 주 안에서 아내는 남편에게 순종

② 주 안에서 남편은 아내를 주기까지 사랑

③ 용서와 용납

3) 건강한 부부생활의 열쇠: 의사소통(communication)

의사소통의 결핍이나 그 기술(skill)이 부족하여 오해나 착각을 불러일으키면 부부생활은 병들게 됩니다. 우선 알아야 할 것이 남자와 여자를 하나님께서 다르게 만드셨기에 그 차이가 많다는 것입니다. 개와 고양이가 만나기만 하면 싸우는 이유는 서로의 차이를 모르기 때문이다. 그래서 서로 이해하고 용납하지 못한다(예: 결혼생활 30년 믿음이 있는 최수종/ 하희라 부부).

John Gray의 'Men Are from Mars, Women Are from Venus(화성에서 온 남자, 금성에서 온 여자)'라는 저서에서 아래와 같이 차이점을 말하고 있습니다.[1]

① 대화 방식의 차이 – 남자는 결론을 중요하게 여기고, 여자는 대화 자체에 의미를 둔다.

② 심리학적 차이 – 남자는 강인함, 경쟁심, 통제(지배)력, 공격성 등에 남성다움에 가치를 두지만, 여자는 온유함, 표현성, 민감성, 순응성에 여성다움의 가치를 둔다.

*** 일반적인 차이**

남자	여자
과업지향적(승패가 중요)	사람지향적(관계가 중요)
경쟁적(서열, 위계질서가 중요)	수용적(수평적, 대등한 관계가 중요)
시공간 능력(좌뇌 발달)	언어적 능력(우뇌 발달)
객관적, 지적	주관적, 감정적
(나는 생각한다 고로 존재)	(나는 관계를 맺음으로 존재)
감정 표현이 서툴고, 표현을 억제	감정 표현을 잘하고, 감정의 기복이 심함
인정과 신뢰가 사랑이다	관심과 신뢰가 사랑이다
친밀감은 같이 있는 것	친밀감은 감정과 생각을 나누는 것

---

1 John Gray, *Men are from Mars, Women are from Venus.* New York, NY: Harper Collins, 1992. 번역서 "화성에서 온 남자 금성에서 온 여자," 2010년

* 야고보서 3:1-8

① 혀(말)의 힘

② 무심코 뱉은 한 마디가 상대방의 심령에 깊은 상처

③ 혀(말)를 길들이려면? 마음과 생각을 지켜라

독사의 자식들아 너희는 악하니 어떻게 선한 말을 할 수 있느냐 이는 마음에 가득한 것을 입으로 말함이라 선한 사람은 그 쌓은 선에서 선한 것을 내고 악한 사람은 그 쌓은 악에서 악한 것을 내느니라 (마 12:34-35).

모든 지킬 만한 것 중에 더욱 네 마음을 지키라 생명의 근원이 이에서 남이라(잠 4:23).

* 대화의 4단계

1단계: 진부한 대화(예- 밥 먹었어?)

2단계: 사실 보고의 수준(총격 사건이 났어)

3단계: 자신의 생각과 판단을 알리는 대화(내 생각에는 이것이 좋겠어)

4단계: 자신의 감정을 나누는 대화(속상해요 or Thanks)

* 올바른 의사소통의 기술

① 상대방 존중

② 경청(태도 - 적극적으로, 이해하려고, 받아들이려고 하면서)

* 경청을 위한 10가지 계명 by Norman Wright

① 미리 판단하지 마라

② 당신의 생각을 덧붙이지 마라

③ 당신이 들은 것이 전부라고 가정하지 마라

④ 상대방의 이야기를 다른 곳으로 유도하지 마라

⑤ 상대방이 어떤 말을 하든지 마음을 닫지 마라

⑥ 상대방의 말을 끝까지 들어주라

⑦ 다른 의미로 해석하면서 받아들이지 마라

⑧ 들으면서 대답할 말을 준비하라

⑨ 두려움이나 염려를 하지 마라

⑩ 서로의 말을 공평하게 들어주어라

"무엇보다도 서로에게 진실(정직) 해야 한다!"

4) 부부의 성(sex)생활

① 성에 대한 태도 - 죄악인가? 부끄러운 것인가? 아니 현대에
   는 너무 노출과 자유로운 성관계가 넘치는 시대입니다. 우리
   믿는 부부들은 어떤 태도가 필요할까요?

② 성관계의 목적 - 창 1:24-28; 잠 5:18-20

③ 왜곡된 성관계 - 다른 남자/ 여자를 향한 음욕, 변태 성욕

④ 남성과 여성의 차이 이해하기

남성 - 육체 중심의 시각 자극, 비주기적이며 빠른 흥분, 쾌
감의 절정이 짧다. 절정(오르가즘)이 없으면 불만족.

여성 - 인격 중심의 촉각이나 청각에 자극, 주기적이며 서
서히 흥분, 쾌감의 절정(오르가즘)이 길다. 그러나 절정이 없
어도 만족이 가능함

⑤ 사랑의 대화가 필요하고, 상대방을 배려하여 거부할 때는 이
해를 하여야 한다.

• 성은 하나님의 선물이며, 우리 인생에게 주신 복 중에 하나
입니다. 올바른 관점으로, 태도로, 누려야 합니다. 만약 자연스럽
게 자녀들과 이에 관한 대화를 할 수 있다면 성경적으로 가르쳐
야 한다.

* 결론

건강한 부부생활은 서로 노력해야 한다. 영적으로, 정신적으로,
육체적으로 하나가 되었음을 인식하고, 무엇보다 주님을 삶의 우
선 순위에 놓고, 남편과 아내가 서로 믿음의 진보를 위하여 힘써야
한다. 영적인 삼각관계의 중요성을 인식해야 한다.

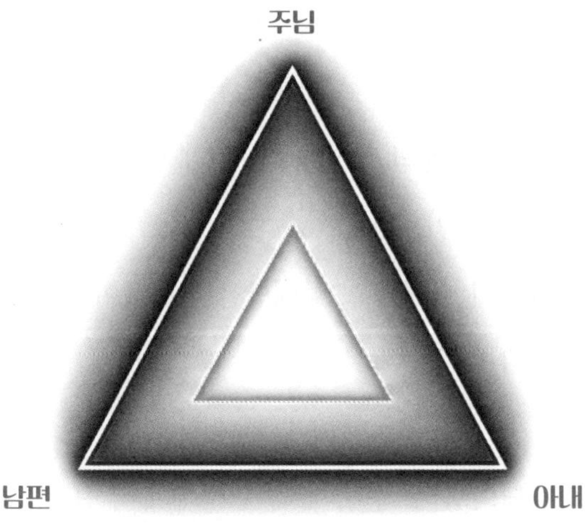

* 성경적 부부생활에 도움이 될 책들 추천

① 온전한 결혼생활, 노먼 라이트/ 웨스 로버츠 공저, 이명숙 옮김, 미션월드 출판

② 결혼 건축가, 래리 그랩, 윤종석 옮김, 두란노

③ The Meaning of Marriage, Timothy Keller, Riverhead Books

④ Marriage from Surviving to Thriving, Charles Swindoll, W Publishing Group

3. 목회자의 가정이 교회의 모델이 됨[2]

하나님께서는 교회 지도자를 세우실 때, 가장 먼저 그의 가정―특히 그의 결혼생활과 자녀양육―을 살피라고 명령하셨다. 이는 목회자의 가정이 단순히 사생활이 아니라, 교회를 이끄는 영적 모델이 되어야 하기 때문이다. 목회자의 가정은 작은 교회이며, 공동체가 따라갈 수 있는 빛과 향기의 자리이다.

1) 하나님의 말씀은 지도자의 가정을 먼저 보라고 명령한다.

> 한 아내의 남편이 되며 ... 자기 집을 잘 다스려 자녀들로 공손함으로 순종하게 하는 자라야 할지니(딤전 3:2-4)

목회자(감독, 장로)의 자격을 말씀하시면서 사도 바울은 가정을 첫 조건으로 제시한다. 목회 사역은 교회에서 시작되기 전에 가정에서 먼저 검증되어야 한다는 뜻이다. 안타까운 것은 이민 교회 목회자 부부나 해외 선교사님 부부 사이에 어려움이 많다고 한다. 사역의 스트레스가 이유 중의 하나이겠지만, 사탄 마귀가 하나님의 나라를 힘들게 하려고 여러 모양으로 공격할 때에 목회자(선교사)가 말씀을 기억하고 노력해야 한다.

---

2 저자의 책 "참된 신앙생활"(도서출판 담아서)의 제3장을 참고하라.

- 배우자를 사랑하고 존중하는 삶

- 자녀를 신앙 안에서 양육하는 질서

- 가정을 평안하게 이끄는 영적 리더십

이 모든 것은 교회를 목양하는 모습의 작은 축소판이다.

2) 가정을 다스리지 못하면 교회도 다스릴 수 없다.

> 사람이 자기 집을 다스릴 줄 알지 못하면 어찌 하나님의 교회를 돌
> 보리오(딤전 3:5).

성경은 매우 실제적입니다. 가정은 가장 현실적이고 정직한 영적 현장입니다. 목회자가 가정 안에서,

- 인내하지 못하고,

- 갈등을 해결하지 못하고,

- 사랑과 질서를 세우지 못한다면,

하나의 신앙 공동체인 교회를 돌보는 것도 어렵다. 그러므로 목회자의 가정은 사역의 출발점이자 시험장이며, 하나님이 먼저 보시는 자리이다.

3) 장로와 목회자의 자녀는 믿음의 본이 되어야 한다.

> 믿는 자녀를 둔 자라야 할지니 … 방탕하다는 비난을 받거나 불순종
> 하는 일이 없어야 할지니라(딛 1:6).

자녀가 완벽해야 한다는 뜻이 아닙니다. 그러나 믿음 안에서 자라고, 예배를 사랑하고, 부모의 신앙을 존중하는 모습은 교회 안에 큰 울림을 준다. 목회자의 자녀는 교회에 보이지 않는 설교자와 같다. 자녀의 삶을 통해 성도들은 "그 가정 안에 있는 복음의 실제"를 보게 된다.

4) 목회자의 가정은 사랑과 기록의 집이 되어야 한다.

> 오직 말과 행실과 사랑과 믿음과 정절에 있어서 믿는 자의 본이 되
> 어(딤전 4:12).

이 구절은 젊은 디모데에게 주어진 말씀이지만, 목회자의 가정 전체에 적용되는 원리다.

* 목회자의 집은
- 사랑이 흐르고,
- 용서와 회복이 일어나며,

- 말씀과 기도가 자연스럽고,
- 정절(거룩한 절제)이 지켜지는 곳

즉, 작은 교회의 모델이 되어야 한다.

5) 목회자의 가정은 성도들에게 복음의 실제를 보여 주는 현장이다.

성도들은 목회자의 설교만 듣는 것이 아니라, 그의 삶과 가정에서 복음의 향기를 배우게 된다.

- 부부가 서로 존중하는 모습
- 자녀를 은혜로 양육하는 모습
- 문제를 말씀으로 해결하는 모습
- 기도하는 가정의 평안

이 모든 것이 말씀을 살아있는 설교로 바꾼다. 그렇기에 사도 바울은 자신 있게 말했다.

> 너희는 나를 본받는 자 되라(고전 11:1).

목회자의 가정이 바로 이런 모범이 되어야 교회 전체도 성숙해진다. 목회자의 가정은 완벽한 가정을 요구받는 것이 아니라, 복음이 흘러가며 성령이 일하시는 거룩한 본이 되는 가정을 요구받는다. 교회는 결국 그 지도자의 영적 향기를 닮게 되므로, 목회자의 가정은 참된 신앙과 사랑, 거룩과 질서를 보여 주는 하나님의 작은 교회가 되어야 한다.

1. 우리 집은 실제로 주님의 이름으로 모여 예배와 기도하는 자리가 얼마나 자주 열리고 있습니까?

2. 나는 실제로 어떤 방식으로 말씀을 자녀에게 나누고 있는가?

3. 우리 집에는 말씀과 기도가 흐르는 분위기가 있습니까, 아니면 늘 세상 이야기와 걱정만 가득한 분위기입니까?

4. 나는 가정을 돌보는 일을 부가적인 일로 여기고, 교회 사역을 더 "거룩한 일"로 여기고 있지는 않습니까?

5. 나는 나 자신을 바라볼 때, 하나님께서 지으신 귀한 존재로 보고 있습니까, 아니면 비교와 열등감 속에서 보고 있는가?(시 139:13-18)

6. 내 안에 있는 상처 난 자아상이 배우자에게 어떻게 드러나고 있는지 진지하게 생각해 보았나?

7. 나는 배우자가 나를 잘 대해 주기를 더 바라는가, 아니면 내가 배우자에게 좋은 사람이 되기를 더 사모하는가?

8. 나는 결혼을 "하나님 앞에서 맺은 언약"으로 진지하게 이해하고 있는가?

9. 우리 부부 관계 속에 지도자, 돕는 배필, 떠남과 연합, 상호 보완이라는 창세기의 원리가 실제로 나타나고 있습니까?(창 2:18-24)

10. 나는 남편으로서, 에베소서 5장이 말씀하는 사랑과 순종, 용서와 용납을 오늘 구체적으로 어떻게 실천하고 있는가?

11. 우리 부부의 대화는 몇 단계에 머물러 있습니까?

1단계(진부한 대화) / 2단계(사실 나눔) / 3단계(생각 나눔) / 4단계(감정 나눔)

12. 나는 배우자의 장점과 가능성을 자주 말로 격려해주고 있는가, 아니면 주로 부족한 점만 지적하고 있나?

13. 나는 부부의 성을 하나님의 선물로 감사히 여기고 있는가, 아니면 여전히 죄책감·부끄러움·왜곡된 문화 속에 혼란스러워하고 있습니까?

14. 성에 대해 자녀들과 대화할 때, 성경적·거룩한 관점으로 가르칠 준비가 되어 있는가?

15. 우리 부부의 성생활은 상대방을 존중하고 배려하는 사랑의 교제입니까, 아니면 일방적 요구나 침묵과 회피로 흐르고 있지는 않습니까?

16. 우리 부부의 관계 중심에는 정말 "주님"이 계십니까, 아니면 나와 배우사가 중심에 서 있습니까?

17. 우리가 주님께 더 가까이 나아갈수록 부부 사이가 친밀해진다는 영적 원리를 실제로 경험해 본 적이 있습니까?

18. 목회자로서 하나님께서 먼저 내 가정을 보신다는 사실이 얼마나 실제적인 두려움과 은혜로 다가옵니까?(딤전 3:2-4)

19. 우리 가정 안에서 일어나는 갈등을 말씀과 기도로 풀어가고 있는지, 아니면 감정과 침묵으로 덮어두고 있는지?(딤전 3:5)

20. 우리 집은 사랑이 오가는 집입니까, 아니면 비교·비난·침묵이 더 많은 집입니까?(딤전 4:12)

21. 우리 가정을 지켜보는 성도들에게 복음이 우리 집 안에서 실제로 역

사한다고 느낄 수 있겠는가?(고전 11:1)

22. 나는 우리 가정을 완벽한 가정으로 가장하기보다, 실수하지만 회개

하고, 넘어지지만 다시 일어서는 복음의 가정으로 지도하고 있는가?

10장

목회자의 쉼과 회복

(Sabbath and Spiritual Renewal)

소천하신 달라스신학대학원의 유명한 Howard Hendrick 교수가 한 chapel 시간에 말하기를 목회자는 월요일에 쉴 뿐 아니라, 반드시 1년에 두 번 집에서 200마일 떨어진 곳으로 가서 휴식을 취해야 한다고 하였다. 오늘날 목회자는 그 어느 시대보다 탈진 혹은 소진(burnout)에 쉽게 노출되어 있다.

교회와 성도들을 위한 헌신이 클수록, 목회자의 영혼은 더 깊은 돌봄이 필요하다. 영적 쉼은 선택이 아니라 사명을 지속하기 위한 하나님의 명령이며, 목회자의 정체성과 직결된 거룩한 행위이다.

1. 소진(Burnout) 시대의 영적 돌봄

1) 소진이란 무엇인가?

소진은 단순한 피로나 스트레스가 아니라, 영혼과 감정, 몸과 사역 전반이 한계점에 도달했음을 알리는 영적 경보이다.

- 사역의 지속적 압박

- 끝없는 사람 문제

- 성도들의 기대치

- 자기 희생이 반복되며 쌓이는 피로

- 하나님과의 친밀감 약화

이런 요소들은 목회자가 자신도 모르게 내적으로 메말라가는 상태에 이르게 한다.

(1) 성경적 진단

하나님은 인간의 연약함을 아신다. 그렇기에 하나님께서는 쉼을 명령하셨다.

> 안식일을 기억하여 거룩하게 지키라(출 20:8).

안식은 단순한 '일의 중단'이 아니라, 하나님 안에서 다시 숨을 고르고 정체성을 회복하는 행위이다. 예수님도 쉼과 기도의 시간을 반드시 가지셨다.

> 새벽 오히려 미명에 일어나 한적한 곳으로 가서 거기서 기도하시더니(막 1:35).

심지어 군중과 사역이 몰려들 때에도 예수님은 제자들에게 말씀하셨다.

너희는 따로 한적한 곳에 가서 잠깐 쉬어라(막 6:31상).

예수님의 쉼은 사역의 중단이 아니라, 사역을 위한 재충전이었다.

2. 목회자의 영혼 관리

영혼의 돌봄은 사역을 위한 도구가 아니라, 목회자의 존재를 위한 필수 조건이다. 목회자는 늘 주고, 듣고, 돌보고, 위로하며 살아갑니다. 그러나 자신이 먼저 하나님 안에서 채워지지 않으면, 빈 그릇으로 성도에게 다가가게 되고 결국 자기 자신도 사역도 무너질 수 있다.

1) 하나님과의 친밀감 회복

성경은 영혼관리의 첫 번째 원리를 분명하게 말합니다.

너희는 먼저 그의 나라와 그의 의를 구하라 그리하면 이 모든 것을 너희에게 더하시리라(마 6:33).

목회자가 먼저 하나님 나라를 구할 때, 하나님께서 목회자의 필요를 채우신다. 또한 시편 기자는 이렇게 고백한다.

> 내 영혼이 잠잠히 하나님만 바라며, 나의 구원이 그에게서 나오는도(시 62:1).

목회자의 쉼은 세상적인 활동이나 취미가 먼저가 아니라, 하나님을 깊이 바라보는 묵상에서 시작된다.

2) 말씀 안에서 재충전하기

목회자는 말씀을 '전하는 사람'이기 전에 말씀을 '먹고 살아가는 사람'이다. 예레미야는 이렇게 고백했다.

> 주의 말씀을 내가 얻어먹었사오니 주의 말씀은 내 마음의 기쁨과 즐거움입니다(렘 15:16).

말씀은 목회자에게 영혼의 양식이며, 마른 뼈를 다시 세우는 하나님의 숨결이다.

3) 정직한 감정 돌봄

다윗은 하나님 앞에서 자신의 감정을 숨기지 않았다.

> 내 영혼이 깊은 웅덩이에 빠졌나이다(시 69:2).

> 내 마음이 내 속에서 상하였나이다(시 143:4).

감정의 고백은 약함이 아니라, 영적 회복의 시작이다. 자신 안에 쌓인 감정을 찬양과 기도를 통하여, 혹은 취미생활을 통하여 풀어내라.

4) 건강한 경계선(boundary) 세우기

모든 요청에 응답하는 것이 사랑이 아닙니다. 하나님은 목회자에게도 경계와 쉼을 요청한다. 예수님조차도 모든 사람의 요구를 다 들어주시지 않았다. 마가복음 1장에서 예수님을 찾는 무리가 있었지만, 예수님은 "다른 마을로 가자"라고 말씀하셨다(막 1:38). 경계선은 이기심이 아니라, 하나님이 허락하신 목회자의 지속 가능한 사역을 위한 보호막이다. Draw the line!

3. 목회자는 일꾼이기 전에 하나님의 자녀이다.

목회자의 정체성 가운데 가장 기본적인 것이다. 목회자의 진정한 가치는 사역의 성과나 교인의 수, 프로그램, 성과, 숫자에 있는 것이 아니라, 하나님과의 관계, 즉 자녀 됨의 신분에 있습니다.

1) 목회자의 첫 번째 정체성은 '하나님의 자녀'이다.

너희는 다시 무서워하는 종의 영을 받지 아니하고 양자의 영을 받았으므로 아빠 아버지라 부르짖느니(롬 8:15).

하나님을 "아빠"라고 부르는 친밀감이 평신도와 마찬가지로 목회자의 영혼도 지탱한다.

2) 자녀 됨을 잃으면 사역도 흔들린다.

예수님은 공생애 시작 전에 먼저 "이는 내 사랑하는 아들이라"(마 3:17)는 음성을 들으셨다. 그 후에야 사역이 시작되었습니다. 즉, 사역의 기초는 소명(call)이 아니라 관계(relationship)이다.

3) 재녀 됨은 목회자의 가장 큰 보장(security)이다.

여호와는 나의 목자시니 내게 부족함이 없으리로다(시 23:1).

목회자는 목자이기 전에 먼저 "양"이다. 하나님께서 목자가 되어 주시기에 목회자는 안전하게 사역할 수 있다.

4) 재녀 됨은 목회자의 쉼의 근거이다.

목회자의 휴식은 게으름이 아니라 아버지께 돌아가는 영적 행위이다. 예수님은 "너희가 내 안에 거하라"(요 15:4상) 하셨다. 열매는 "수고의 결과"가 아니라, "관계의 결과"이다.

4. 목회자의 쉼은 사역의 중단이 아니라, 사역의 기초이다.

목회자가 쉼을 잃으면, 설교는 기쁨이 아니라 짐이 되고, 기도는 교제가 아니라 부담이 되며, 사역은 소명이 아니라 의무가 되어버린다. 그러므로 예수님은 목회자에게 "내가 너희를 쉬게 하리라"라고 말씀하셨다(마 11:28하).

쉼은 사역의 회피가 아니라, 다시 하나님과 연결되는 영적 재충전이며, 목회자의 자녀 됨을 재확인하며, 더 깊은 교제를 위한 꼭 필요한 시간이다.

* 묵상 질문

1. 나는 지금 쉼을 '있으면 좋고 없어도 괜찮다'고 생각하고 있는지, 아니면 '사역을 위해 하나님이 주신 명령'으로 믿고 있는지?

2. 요즘 내 마음과 몸은 사역을 감당할 여유가 있는 상태인지, 아니면 소진의 경고등이 켜져 있는 상태인지 솔직히 바라볼 수 있는가?

3. 요즘 내 안에는 아래 중 어떤 징후가 가장 뚜렷하게 나타나고 있는가?
   - 사역의 지속적 압박 / 사람 문제 / 성도들의 기대 / 반복되는 피로 / 하나님과의 친밀감 약화

4. 한 번이라도 '지금 나는 한계점에 가까이 와 있다'고 솔직히 인정해 본 적이 있는지?

5. 나는 "안식일을 기억하여 거룩하게 지키라"(출 20:8)는 말씀을 성도들에게는 적용하면서, 나 자신에게는 적용하지 않고 있지는 않는지?

6. 나는 지금 늘 주고, 듣고, 돌보고, 위로하는 삶만 하고 있지는 않는가?

7. 혹시 나는 빈 그릇인 상태로 계속해서 성도들에게 나아가고 있지는 않는가?

8. 사역의 결과보다, 하나님과의 관계를 더 기뻐하며 누리는 시간이 내 삶에 남아 있습니까?

9. 나는 말씀을 '준비해서 전하는 사람'으로만 살고 있지는 않습니까?

10. 최근에 설교 준비 외에 "주의 말씀을 먹었더니, 마음의 기쁨과 즐거움이 되었다"(렘 15:16)고 느꼈던 말씀이 있는가?

11. 나는 하나님 앞에서 솔직하게 울어 본 적, 솔직히 지쳤다고 고백한 적
   이 최근에 있는가?(시 69:2, 143:4)

12. 나는 지금, 성도들의 모든 요청에 응답하지 못하면 죄책감을 느끼나,
   아니면 하나님이 허락하신 경계 안에서 지혜롭게 "선(line)"을 긋는 목
   회자인가?

13. 요즘 내 기도 속에 "주님, 사역을 도와주십시오"라는 기도가 더 많습
   니까, 아니면 "아빠 아버지"라고 부르며 머무는 시간이 더 많은가?(롬
   8:15)

14. 나는 사역의 기초를 소명과 결과 위에 두고 있나, 아니면 아버지와의
   관계 위에 두고 있나?

15. '나는 목회자이기 전에 먼저 주님의 양이다'라는 진리를 마음에 얼마
   나 깊이 받아들이고 있는가?

16. 나는 설교 준비가 버거워질 때, 더 많이 일하려고만 했는지, 아니면 더
   깊이 쉬고, 더 깊이 하나님께 나아가려 했는지 돌아보았나?

17. 예수님께서 "내가 너희를 쉬게 하리라"(마 11:28)고 하신 이 약속이 지
   금 나의 목회 현실 속에서 어떤 실제적인 초청으로 들리는가?

18. 앞으로의 사역을 오래, 깊이, 은혜롭게 감당하기 위해 나는 쉼의 패턴
   을 어떻게 재구성해야 할지 하나님께 기도하는가?

제5부
결론: 참된 목회의 본질

17세기 영국의 청교도 목사 Richard Baxter는 그의 명저 "The Reformed Pastor"에서 '목회자는 단순한 설교자가 아니라, 영혼의 파수꾼이다'라고 하면서, 목회를 행정, 인기, 성공, 확장이 아니라 한 영혼 한 영혼을 하나님 앞으로 인도하는 일로 본다.[1]

"너희를 인도하는 자들에게 순종하고 복종하라 그들은 너희 영혼을 위하여 경성하기를 자신들이 청산할 자인 것 같이 하느니라"(히 13:17상)라고 하였듯이, 목회자는 사람의 평가를 위해 사는 존재가 아니라, 하나님 앞에서 영혼을 책임지는 자라는 것이다.

또한, 그는 '목회자가 가르치는 것을 목회자가 먼저 살아내지 않는다면, 그의 설교는 사람을 살리는 말씀이 아니라 정죄가 된다'고 하면서, 설교자의 거룩한 삶을 목회의 가장 중요한 기초라고 보았다. "오직 말과 행실과 사랑과 믿음과 정절에 있어서 믿는 자에게 본이 되어"(딤전 4:12)라고 하였듯이, 목회자는 '말씀을 전하는 사람' 이전에 '말씀을 살아내는 사람'이어야 한다고 했다.

그는 매주 성도들의 가정을 직접 방문하여 한 사람씩 신앙을 점검했다. 그는 이것을 '개인적 목회'(personal pastoral care)라고 했다. '설교는 여러 사람에게 말하지만, 심방은 한 영혼을 살리는 자리다'고 하였다. 마치 바울이 "유익한 것은 무엇이든지 공중 앞에서나 각 집에서나 거리낌이 없이 여러분에게 전하여 가르치고"(행

---

1   참고: Richard Baxter, "The Reformed Pastor," Banner of Truth, 2020. (우리말 번역서로 '참 목자상' 생명의 말씀사, 2012년 재판)

20:20) 하였듯이, 그의 목회는 강단 중심 목회가 아니라, 가정과 개인 영혼 돌봄의 목회였다. 목회를 하나님의 양떼를 맡은 청지기로 충성스럽게 감당하였다. 그리고 그는 자신을 가리켜 늘 '회개하는 목사'라고 불렀다. '우리가 회개하지 않는다면, 어떻게 회개를 설교할 수 있겠는가?' 하면서, 목회자의 영적 타락이 교회의 타락으로 직결된다는 사실을 누구보다 두려워했다.

11장

참된 목회란 무엇인가?

참된 목회는 교인이 많아지고, 큰 건물을 짓게 되고, 일을 많이 하고, 교회 재산이 커지는 세상적인 성공이 아니라 목회자와 교회가 하나님이 기뻐하시는 삶을 사는 것이다.

1. 참된 목회는 인간적 성공이 아니라 신실함, 충성이다.

목회의 가치는 사람의 숫자나 업적에서 결정되시 않는다는 사실을 성경은 거듭 강조한다. 참된 목회는 사람들에게 인정받으려는 마음을 버리고, 하나님의 부르심 앞에서 끝까지 충성하는 삶이다. 목회자는 먼저 "하나님의 자녀"이며, 그 다음에 "하나님의 일꾼"이다. 그러므로 목회는 하나님과 관계의 사역이며, 하나님의 뜻 안에 머무는 삶이다.

* 고전 4:1-2

사람이 마땅히 우리를 그리스도의 일꾼이요 하나님의 비밀을 맡은 자로 여길지어다. 그리고 맡은 자들에게 구할 것은 충성이니라.

* 갈 1:10

사람들에게 좋게 하랴, 하나님께 좋게 하랴. 내가 지금까지 사람들의 기쁨을 구하였다면 그리스도의 종이 아니니라.

* 계 2:10

죽도록 충성하라 그리하면 생명의 면류관을 네게 주리라.

신실함(faithfulness)은 인간적인 성공을 이루지 못할 때도 있다. 그러나 신실함은 반드시 영원한 나라에서 빛나며(단 12:3), 하나님 앞에서 향기가 된다(고후 2:14-16).

2. 목회의 열매는 하나님 것이다.

목회자는 씨를 뿌리고, 물을 주고, 돌보지만 자라게 하시는 이는 오직 하나님이다. 그러므로 참된 목회자는 결코 열매를 자기 것으로 삼지 않으며, 언제나 하나님께 영광을 돌리는 마음을 가진다.

* 고전 3:6-7

나는 심었고 아볼로는 물을 주었으되 오직 하나님께서 자라나게 하셨나니 … 자라게 하시는 이는 하나님뿐이니라.

* 시 127:1상

여호와께서 집을 세우지 아니하시면 세우는 자의 수고가 헛되며 ….

* 요 15:5하

나를 떠나서는 너희가 아무 것도 할 수 없음이라.

목회자가 자신의 열매를 주장하기 시작하는 순간 목회는 흔들린다. 참된 목회는 언제나 "하나님께서 이루셨습니다"라고 고백하는 자리로 목회자를 이끌어 간다.

3. 참된 목회는 교회를 넘어 '하나님 나라'를 세우는 것이다.

목회는 단순히 '내 교회'를 크게 만드는 일이 아니다. 참된 목회는 하나님 나라의 확장이라는 비전으로 시작한다. 예수님께서도 제자들에게 '교회를 크게하라'고 말씀하지 않으시고, 언제나 하나님 나라 건설을 위한 땅끝까지 복음을 선포하도록 하셨다.

* 마 6:33상

먼저 그의 나라와 의를 구하라.

* 눅 4:43

내가 하나님 나라 복음을 전해야 하리니, 나는 이 일을 위하여 보내심을 받았노라.

* 마 28:19-20

그러므로 너희는 가서 모든 민족을 제자로 삼아 아버지와 아들과 성령의 이름으로 세례를 주고 내가 너희에게 분부한 모든 것을 가르쳐 지키게 하라 내가 세상 끝날까지 너희와 항상 함께 있느니라.

참된 목회자는 '내 교회'라는 작은 울타리를 넘어, 열방을 품고, 다음 세대를 세우며, 가난하고 상한 영혼에게 복음을 전하며, 제자(일꾼)로 세운다. 이런 목회는 눈에 보이는 때로 인간적인 성공은 없을지라도, 하나님 나라에서는 주님이 기뻐하시는 영원한 열매가 된다.

4. 결론:

목회는 평신도들과 마찬가지로 '하나님의 마음을 닮아가는, 예수 그리스도의 장성한 분량이 충만할 때까지 이르는 여정'이다

가끔 목회는 깊은 밤처럼 어둡고 외로운 길처럼 느껴질 때가 있습니다. 그러나 주님은 목회자를 "하나님의 마음에 합한 자"(행 13:22)로 빚어가신다.

* 참된 목회자는

• 상한 갈대를 꺾지 않으시고 꺼져가는 등불도 끄지 않으시는 주님의 마음을 품고 영혼을 사랑하며 감당한다. 목회는 자신이 사람을 세우는 사역이 아니라, 결국 하나님께서 목회자를 세우시는 과정이다. 그래서 참된 목회자는 날마다 이렇게 고백하게 된다.

주님, 저는 부족하지만 주님이 맡기신 양 떼를 끝까지 사랑하며 걸어가겠습니다.

* 묵상 질문

1. 지금 제가 추구하는 목회의 중심은 '성공'입니까, 아니면 '신실함'입니까?

2. 주님께서 이루셨음을 인정하며, 제가 내려놓아야 할 자기 공로는 무엇입니까?

3. 하나님 나라를 세우기 위해, 지금 제 교회와 삶의 어떤 부분을 새롭게 열어야 하겠습니까?

═══ 12장 ═══
기도문과 헌신의 고백
(A Prayer for Authentic Ministry)

주님,

지금까지 제 삶의 걸음을 인도하시고

말씀으로 깨우쳐 주신 은혜를 감사드립니다.

저는 여전히 연약하고 부족한 사람이지만

주님께서 부르셨기에 오늘도 이 길을 갑니다.

주님,

제가 사람의 인정보다 주님의 기쁨을 먼저 구하게 하시고

눈에 보이는 성공보다 신실함을 귀하게 여기게 하옵소서.

맡은 자에게 구하시는 충성의 은혜가

제 마음 깊은 곳에 뿌리내리게 하옵소서.

주님,

목회의 열매가 제 것이 아님을 고백합니다.

저는 심고, 물을 주지만

자라게 하시는 분은 오직 하나님이십니다.

제게 허락된 사역의 모든 열매를

주님의 영광 앞에 온전히 돌려드리오니

저를 낮추시고, 주님의 이름만 높여 주옵소서.

주님,

제 관점이 '내 교회'라는 울타리에만 머물지 않게 하시고

주님이 사랑하시는 하나님 나라를 바라보게 하옵소서.

먼저 그의 나라와 의를 구하라 하신 말씀을 따라

열방과 다음 세대, 상한 영혼을 품는 목회자가 되게 하옵소서.

주님,

때로는 마음이 지치고 낙심이 될 때도 있습니다.

그러나 주님은 상한 갈대를 꺾지 않으시고

꺼져가는 등불도 끄지 않으시는 분이시니

제 심령을 회복시키시며

다시 일어설 힘을 허락하여 주옵소서.

주님,

제가 잃지 말아야 할 첫 사랑을 지켜 주시고

하나님의 마음에 합한 목자로

날마다 새롭게 빚어 주옵소서

저의 삶과 사역이 주님의 마음을 닮아가며

하루하루가 주님의 나라를 세우는 열매가 되게 하옵소서.

그리고 마지막 날,

제가 주님 앞에 설 때

주님께서 "잘하였다. 착하고 충성된 종아"

칭찬 듣게 해주시기를 간절히 구합니다.

예수 그리스도의 이름으로 기도드립니다. 아멘!

═══ 참고문헌 ═══

제1부

Calvin, John. *Institutes of the Christian Religion*, Edited by John T. McNeill. Translated by Ford.

Battles, *Lewis.* 2 vols. Philadelphia: Westminster Press, 1960.

Lischer, Richard. *A Theology of Preaching: The Dynamics of the Gospel.* Durham, NC: Labyrinth Press, 1992.

Calvin, John. *Corpus Reformatorum.* Halle (Saale): apud C. A. Schwetschke et Filium, 1834–

Dargan, Edwin Charles. *A History of Preaching*, Vol. 1, New York: A.C. Armstrong & Son, 1905.

Whale, J. S. *Christian Doctrine*, London: Cambridge University Press, 1941.

Farrar, F. W. *History of Interpretation*, London: Macmillan and Co., 1886.

Huijser, A. T. *Expository Preaching*, Grand Rapids: Baker Book House, 1978.

Douma, J. *Verantwoord Preken (Responsible Preaching)*, Kampen: Kok, 1985.

Hoekstra, T. *Gereformeerde Homiletiek (Reformed Homiletic)*, Kampen: J. H. Kok, 1926.

Hendricks, Howard G. *Living by the Book: The Art and Science of Reading the Bible.* Chicago: Moody Press (Moody Publishers), 1991.

Doyle, Arthur Conan. *The Adventures of Sherlock Holmes,* 1892. (단행본) 한태일, 참된 신앙생활, 도서출판 담아서, 2025년

제3부

Swindoll, Charles R. *Swindoll's New Testament Insights on Revelation*, Grand Rapids, MI: Zondervan, 2011.

Rainer, Thom S. *Autopsy of a Deceased Church: 11 Lessons from Churches That Died.* Nashville: B&H Publishing Group, 2014.

MacArthur, John. Called to Lead: 26 Leadership Lessons from the Life of the Apostle Paul. Thomas Nelson, 2010.

제4부

Keller, Timothy, with Kathy Keller. *The Meaning of Marriage: Facing the Complexities of Commitment with the Wisdom of God.* New York: Riverhead Books, 2011.

Swindoll, Charles R. *Marriage: From Surviving to Thriving.* Nashville, TN: W Publishing Group, 2006.

제5부

Baxter, Richard. "The Reformed Pastor," Banner of Truth, 2020.

부록

부록 1 / 2020년 「월간목회」에서 목회수기 청탁을 받고 쓴 글
부록 2 / 2022년 9월 「월간목회」 글

계속되는 훈련의 시간들

목회자로서의 이 길은 오직 하나님이 주관하고 계심을 신뢰하기에, 교회 안팎의 여러 어려움 속에서도 담대히 전진해 왔다. 지금의 성장에 안주하지 않고 더 큰 부흥을 열망하며 예수님의 참된 제자들이 가득한 교회, 세상 앞에 복음으로 나아가는 교회가 되기 위해 힘쓰고 있는 가든교회의 설립 과정부터 현재까지의 발걸음을 나눈다.

대학에서 화학공학을 전공한 학도로서 풍운의 꿈을 안고 미국 유학 생활을 시작한 것이 1982년 가을 학기부터였다. 고학하면서 3년 반의 시간을 거쳐 석사 학위를 받았지만, 하나님의 뜻은 다른 데에 있었음을 그 시간을 통과하면서 알게 되었다. 처음 미국에 유학을 올 때에는 박사 학위를 받고 한국에 돌아가 교수 생활을 하면서 평신도로서 존경받는 자리에 서기를 원했다. 그렇지만 유학 생활을 하는 가운데 대학교에서 기독학생회를 조직하고 성경 공부반을 만들어 전도사님이나 목사님을 모시고 성경을 공부하면서, 또한 함께하는 친구들과 깊은 영적 교제를 나누며 이민 교회에서 열심히 활동하면서, 하나님께서는 필자에게 영혼 사랑하는 마음을 뜨겁게 심어주셔서 결국 석사 학위를 받기 1년 전에 소명을 받고 신학을 하기로 결정하였다.

하지만 당시 믿지 않던 아버지와 믿음이 있어도 헌신되지 못한 어머니에게 인간적인 실망을 안겨주고 싶지 않아서 어렵게 공학 석사 학위를 마쳤다. 그 후, 당시 데이트 하던 사모도 선교사로서 주님을 섬기든지 사모로서 주님을 섬기든지 하나님께 온전한 헌신이 있었기에 결혼을 하고, 댈러스신학대학원으로 신학을 공부하기 위하여 떠났다. 댈러스에서 4년간의 신학 훈련과 전도사로서 그 지역 한인 교회를 섬김은 참으로 너무 귀중한 시 간이었다. 신학교에서 매일 있는 채플 시간에는 말씀에 은혜를 받아 거의 울고 다녔으며, 강의 시간에도 은혜를 받으며, 또한 다른 신학도와의 아름다운 교제는 천국이 따로 없는 것 같았다. 그리고 전도사로서 두 한인 교회를 섬기면서 많은 것을 배웠다. 이민 목회를 조금씩 알아 가기 시작하였다.

첫 목회지에서의 어려움

신학 석사를 마치고 앞날의 진로를 위하여 기도할 때에, 김상복 목사님의 조언으로 개혁주의 장로교단에서 목사 안수를 받을 것이므로 유명한 필라델피아의 웨스트민스터신학교에 가서 박사 과정 공부를 더 하는 것이 좋겠다고 하여 준비를 하고, 1991년에 신학 석사 학위를 받고 졸업을 하였다. 그리고 그해 여름에 필자가 자라온 한국 교단에서 목사 안수를 받고, 웨스트민스터신학교 박사 과정에 들어가 신학 공부를 더 깊게 하기 시작하였다. 그러나 신학 공부만 하면 영적으로 차가워질 것 같아서 목회를 할 마음을 가지고 있었는데, 메릴랜드의 어느 작은 교회 장인 목사님의 소개로 청빙을 받고 1992년 가을에 박사 공부를 파트타임으로 하면서 첫 목회를 시작하였다.

어른이 약 20여 명, 중·고생 및 대학생과 청년들이 약 30여 명이 되는 교회로 처음 교회를 시작하신 목사님께서 14년 목회를 해 오시면서 한때는 어른이 1백 50명이나 되었던 교회였다. 그러나 외진 곳에 있는 큰 집을 교회당으로 꾸미고 사택이 함께 붙어있는 건물로 이사하면서 교인들이 떨어져 나가고, 또 이사하고 나서 재정 문제로 말미암은 성도들과의 마찰로 많은 교인들이 떠나버리고 결국 목사님도 사임하셔서, 약 6개월 간 담임목사 없이 은퇴하신 어느 목사님께서 설교만 해 주던 교회였다. 나 자신이 35세의 젊은 나이어서였는지는 모르지만 교회를 지키고 있는 어른들보다는 30여 명이나 되는 학생들과 청년들을 보니, 목자 없는 양같이 유리하는 것이 너무 안타까워서 그들을 훈련시켜 하나님의 일꾼들로 삼아야 하겠다는 생각에 청빙을 수락하고 목회를 시작하게 된 것이다.

그런데 신혼의 달콤한 시간이 지나고 난 1년 후부터 서서히 문제들이 생기기 시작하였다. 정말 첫 목회라, 최 선을 다하여 열심히 노력하였더니 하나님의 은혜로 몇 개월이 지나지 않아 교인 수가 그 사이에 3배가 되었다. 제직을 세울 때에 훈련받은 사람을 세우기로 하며, 일대 일 양육반과 제자 훈련반을 시작하면서 조금씩 틀을 잡 아 간다고 생각하였다. 그러자 원래 있던 기득권층과 내 설교에 은혜를 받고 목회를 협력하며 열심을 내면서 새 로 출석하던 교인들 사이에 마찰이 일어나기 시작하였 다. 담임으로 부임한 지 1년 반이 지나자 새 교인들이 교 회를 떠나면서 하는 말이, "그냥 있다가는 공연히 목사 님과 목사님을 청빙한 기득권층 사이를 갈라놓을 것 같아서 떠나야 한다"라며 등을 돌리는 것이었다. 정말 너 무 마음이 아팠다. 더군다나 기득권층의 지도자는 그들 이 떠나가는 것을 반겨하듯이 "목사님, 뭐 그렇게 열심을 내시고 교회를 부흥시키려고 하십니까? 저희들만 잘 다독이며 목회하시면 되지요"라고 내게 위로하듯 말했다. 하지만 참으로 충격적인 말이었다. 그들만 다독이며 섬길 것이면 아예 목회를 시작하지도 않았다. 정말 비전이 달라 함께할 수 없겠다는 생각을 하게 되었다. 사실 그동안 제직회에 들어가서 눈물을 흘리고 나온 적도 한두 번 있었다. 서리 집사에게 서약을 받고 직분을 주려고 서약서에 사인을 요구하였다가 성경에 맹세하지 말라고 하였는데 왜 맹세를 시키느냐는 둥 함부로 대들고 사람들 앞에서 모욕을 주지 않나, 기도하시고 설교 준비를 하시냐고 묻는 집사가 있지를 않나, '정말 목회가 이런 것인가' 하며 괴로워했던 시절이었다. 사모는 그 사이 약 1년 동안 내적으로 고통을 받고 3번이나 유산을 하기도 하고, 한 번은 피를 너무 많이 흘려 응급실에 실려 가기도 하였다. 그래도 '내가 부족해서 그렇지' 하며 참았고, 댈러스에서 함께 공부하던 어느 목사님께서 방문해 주셔서 위로의 말씀을 주시고 가기도 하였다.

두려워 말라 내가 너와 함께 함이니라 놀라지 말라 나는 네 하나님이 됨이니라 내가 너를 굳세게 하리라 참으로 너를 도와주리라 참으로 나의 의로운 오른손으로 너를 붙들리라(사 41:10).

할렐루야!

하나님의 뜻이었던 개척

결국 부임한 지 2년 만에 사표를 내고 첫 목회에 종지부를 찍게
되었다. 실망하였으나 하나님의 뜻은 다른 곳에 있었다. 아내의 막
내이모 가정과 개척을 시작하게 된 것이다.

일단 아내가 일을 할 수 있으니까 경제적으로 부담이 없었다. 그
래서 1994년 5월 15일 사택 거실에서 첫 예배를 드리게 된 것이다.
이모네 한 가정과 다른 교회에 다니던 분이 시간을 내어서 함께
참석해 줌으로써 개척이 시작되었다. 한 달쯤 사택에서 주일예배
를 드리다 가, 미국 교회를 빌리게 되어서 주일 오후 2시에 시작하
게 되었다. 교인이 없어서 힘들었지만, 이제는 내가 소신 있게 목
회할 수 있게 된 것을 기쁘게 생각했다. 약 3달 이 지났을 때에 이

전 교회의 청년 한 사람이 돕겠다고 해서 힘이 되었고, 얼마 지나지 않아 전에 함께하시던 전도사님께서도 협력하시겠다고 하여 제법 모양새를 갖 추게 되었다. 전도지를 만들고 서양 식품점, 동양 식품점으로 가서 직접 전도를 하기 시작하였다. 이 지역 한인신문에 글도 싣고 하면서 교회를 알렸다. 고등학교 동문회에 연락을 하여 동문들 주소를 받게 되어, 가까이 사는 동문들에게 내 사정을 설명하고 협조를 구하는 편지도 띄웠다. 그런데 나중에 알게 되었는데 희한하게도 편지를 받고 1년이 지난 다음 선배 한 사람이 교회를 찾아왔다. 그리고 개척하면서부터 내 사례를 받기 전에 장애인 선교단체인 밀알선교에 동참하여 돕기 시작하였고, 곧 이어 댈러스에서 공부할 때에 함께하던 친구들 가운데 선교사로 파송을 받아 나가는 몇 분을 돕는 협력 사역을 시작하였다. 사실 개척한 지 26년이 되는 지금까지도 계속 선교단체나 선교사님들을 지속적으로, 또 확장해 가면서 돕게 된 것이 얼마나 감사한지 모른다. 그래서인지 하나님께서 보내주시는 교인들이 늘어가기 시작하였다.

그런데 미국 교회를 빌려 예배를 드린 지 꼭 일 년 만에 미국 담임목사님이 큰 심장 수술을 하게 되고 병원에 두 달을 입원한 사이 미국 교회 당회원들이 찾아와서 1년이 지났으니 세를 올려달라는 것이었다. 그것도 100% 올려 달라고 한다. 그러고는 한술 더 떠서 정기적인 예배 외에 따로 교회를 사용하는 경우에는 본당은 시간당 30달러, 교실은 시간당 10달러를 내라는 것이다. 세를 올 려

줄 수는 있었지만 교회를 마음껏 사용할 수 없게 되어 이곳에선 목회를 계속할 수 없겠다고 생각이 들어 근 처 미국 교회를 다 찾아다녔다. 그러던 중 어떤 미국 장로교회를 찾아갔는데 마침 그 교회 담임목사님이 웨스트민스터신학교에 강의도 나가시는 분이었다. 자기 교회는 주일에 행사가 많아서 빌려주기 어렵지만, 가까운 곳 한 군데를 가보라고 하셨다. 약 3에이커의 땅에 100명 정도 들어가면 가득 차는 작은 건물이 있고, 건물 옆에 교회당을 지으려고 기초 공사를 해놓은 벽돌담이 보 였다. 그곳은 흑인 교회로서 자신들이 새 성전을 지으려 고 하다가 가까운 곳에 있는 미국 교회가 교회 건물을 판 다고 하니까 짓는 것보다 사는 것이 더 낫다고 생각하여 자신들이 소유한 땅과 건물을 팔고자 하는 것이었다. 장 소가 좋아서 마음에 들었고, 우리 교회가 조금만 부흥하면 새 성전을 지으면 되겠다 싶어서 사려고 하였다.

그런데 그 당시 우리 교인은 약 30여 명으로 헌금을 내는 교인이 10여 명밖에는 되지 않았다. 어떻게 할 수 있을까? 그때 계시던 장로님과 상의를 하였더니 샀으면 좋겠지만 어떻게 감당하겠느냐고 하신다. 하지만 어떻게 해서든지 계약금(Down Payment)을 만들어서 은행에 융자를 얻어 사자고 하였다. 교회가 부흥이 되어 능력이 될 때까지 필자가 사례를 받지 않고 월부금을 붓자고 하였다. 그래서 일단 건축헌금을 작정하고 모았더니 약 5천 달러 정도가 모아졌다. 어림도 없는 액수였다. 약 6만 5천 달러 정도가 있어야 계약금을 맞출 수 있었다. 급하게 한국을 방문하여 모교회에도 손을 내밀어 보았지만 여의치 않았다. 다만 부모님들과 동생들이 도와주고, 한국에 있을 때에 친하게 지내던 믿음의 동지들이 조금 도와주는 등 이러저러 6만 달러를 만들었다.

본격적인 이민 목회의 시작, 그리고 연단

그리하여 1995년 부활절에 이사를 하여 처음 입당 예배를 드리며 본격적인 이민 목회가 시작되었다. 말씀 중심의 목회로, 개혁주의 장로교회 모습을 드러내면서 이 지역 사회에 좋은 소문을 내는 교회를 세우려고 최선을 다했다. 매일 새벽 제단을 쌓기 시작하고, 본격적인 제자 훈련을 시작하였다. 제직으로 봉사하려면 적어도 일대일 양육을 마쳐야 하며, 중직이 되려면 반드시 제자 훈련 과정을 마치도록 하였다. 이웃 미국 교회와도 좋은 관계를 맺기 위하여 1년에 한두 번씩 피크닉도 하면서, 또 이 지역 신학교에서 강의도 하면서 지역 사회를 섬겼다. 그 결과 작은 예배당이 채워질 정도로 하나님께서 축복하셨다.

그러나 그 과정을 지나는 동안 역시 사탄은 가만히 있지 않았다. 창립 3~4년쯤 지난 언젠가는 서리집사들 가운데 불미스러운 삼각관계로 교회가 어려움을 겪기도 하였고, 창립 7~8년쯤 되던 때에는 시무장로와 안수집사와의 불미스러운 관계로 어려움을 겪기도

하였다. 필자가 부족하여서 성경 말씀에서 배운 대로 양들을 치리하지 못하고, 양들의 말을 듣고 결정한 결과 안수집사는 교회를 떠날 수밖에 없었고, 얼마 동안 그 후유증으로 고통을 겪기도 하였다. 하나님의 말씀대로 그 두 사람을 다 권징하였어야 하는데 마음이 약해져서 그렇게 하지 못한 것을 얼마나 후회하였는지 모른다. 나중에 그 시무장로는 교회에 문제를 일으키며 어려움을 가져다 주고 결국 떠나버렸다. 목회를 하면서 원리 원칙과 사랑을 베풀어야 하는 상황을 분별하지 못하여 때때로 어려움을 겪는 것 같다.

하나님의 은혜로 교회는 안정을 되찾고 하나님께서 주신 땅에 새 성전을 건축할 계획을 세우기 시작하였다. 그러자 건축을 앞두고 또 한 번 사탄은 교회를 흔들더니 건축에 부담을 느낀 중직자들이 이런저런 핑계와 이유로 교회를 떠나며, 어떤 장로는 평신도들에게까지 필자에 대한 비난과 비판을 함으로 그 말을 들은 몇 가정도 교회를 떠나버리고 말았다. 이전부터 건축을 하려 할 때에는 사탄이 가만히 있지 않고 교회를 어렵게 한다는 이야기를 들어왔기에 정말 주의하며 기도를 많이 해 왔는데, 역시 우리 교회도 새 성전 건축을 앞두고 사탄은 그냥 있지를 않았다. 약 6개월 간을 사탄과 씨름하였다. 그럼에도 불구하고 교회는 새 성전 건축에 한마음으로 뭉친 성도들로 정리정돈이 되었고 차근차근히 진행되었다. 우리말 속담에 '개는 짖어도 기차는 간다'라는 말이 있듯이, 아무리 사탄이 공격을 해 와도 주님의 몸 된 교회는 이기고, 성장해 나갈 것으로 믿었다. 이유는 '하나님의 교회', 하나님께서 주인이 되시는 교회, 예수님이 머리가 되시는 교회이기 때문이다. 구속 역사 완성에 쓰임 받을 줄로 믿기 때문이다.

감사하게도 그동안 교회 모기지(Mortgage)를 다 갚았기에 새 성전 융자가 가능했고, 이웃들도 협조를 함으로 아무런 반대가 없이 건축 허가가 나왔다. 결국 2008년 4월 27일에 2만 5천 평방피트 가까이 되는 새 성전 착공 예배를 드렸다. 2년 안에 완공 예정이었으나, 경제파동으로 인하여 건축비가 배로 올라가 공사가 중단되기도 했다.

그리고 그 와중에 믿었던 부목사가 영주권을 받자마자 교인들 20~30명을 데리고 나가 이웃에 개척을 하면서 교회는 큰 타격을 입었다. 그럼에도 불구하고 하나님의 은혜로 5년 넘게 걸려서 훌륭한 새 예배당이 완공되어 2013년 6월 9일에 입당 예배를 드렸다. 그 이후 교회는 꾸준히 성장해 왔다. 단기 선교를 하던 멕시코 치아파스 지역에 가든선교센터도 세워서 원주민 교회를 시작했고,

그 지역 사역자 양성을 위한 성경대학도 시작했다. 하나님께서 부족한 이 종을 여러 모양으로 훈련을 시키셨고, 아직도 당신에게 흡족한 목자가 되게 하기 위하여 훈련을 시키시는 줄로 믿는다.

나의 가는 길을 오직 그가 아시나니 그가 나를 단련하신 후에는 내가 정금같이 나오리라(욥 23:10).

정말 불순물이 하나도 섞이지 않은 정금이 되기를 원한다. 하나님과 사람 앞에 한 점 부끄러움이 없는 목자가 되기를 원한다.

앞으로 더 큰 참된 부흥을 꿈꾸며, 성도 한 사람 한 사람을 예수 그리스도의 참된 제자로 양육하며, 이 지역 사회뿐 아니라 열악한 멕시코 빈민 지역 선교와 북한 선교에 힘쓰며 복음을 전하는 건강한 교회로, 우리의 2세 3세 개혁주의 신앙 교육에 더욱 박차를 가하여 신실한 하나님의 일꾼들이 되도록 양육시키며 세울 것이다.

오직 하나님의 영광을 위하여!

우리 주 여호와 하나님의 이름을 위하여!

사랑하는 아들에게

낯선 이 땅 미국에서 아내를 만나 사랑을 하고 가정을 이루고 함께 목회 여정에 동행해 온 지 어느덧 사십 년의 세월. 내 삶을 함께 지탱해 온 우리 가족들, 아내와 세 아이에게 사랑과 감사와 소망을 담은 나의 고백을 전한다.

사랑하는 아내에게 – 사랑도 믿음도 더 성숙해진 우리

어느덧 우리가 만난 지 40년이 되었네요. 어렵게 했던 결혼은 벌써 35주년이 되었고요. 유학을 와 친구 때문에 처음 찾아갔던 교회에서 당신은 주일학교 교사를 하고 있었지요. 미국에 도착한 지 약 6개월이 지난 어느 날, 이 지역 큰 교회 부흥회에 갔다가 당신 가족이 참석한 것을 보았는데, 셋째 날 마지막 집회 시간에 주님을 위하여 헌신하며 어디로 부르시든지 가겠다고 눈물 흘리며 강대상 앞으로 나가 강사 목사님에게 안수기도를 받는 모습을 보고서, 나와 평생을 함께할 여인은 당신이라고 마음을 먹게 되었어요. 열심히 따라다니며 사랑한 결과 우리는 하나가 되었지요.

귀국하여 서울 모교회에서 결혼하고 미국에 돌아와 곧바로 달라스 신학대학원에 입학하여 공부하면서 신혼을 시작했지요. 내가 지역교회 전도사로 섬기기 시작하면서부터 당신은 사모의 길을 걸어왔네요. 풀타임 약사로 일하고 저녁에는 틈틈이 함께 신학대학원기독교 교육학 공부도 하면서 이민목회의 길을 준비했지요. 내가 신학석사를 마치면서 웨스트민스터 신학대학원에서 박사학위를 공부하기 위해 이사했고, 공부하면서 이민교회를 개척하면 어떻겠느냐는 영적 아버지 목사님의 권고를 받아들여 뉴욕 가까이 뉴저지에 아파트를 구하고 교회 개척을 위해 노력했지만, 개척 멤버가 협조하지 않아서 7개월 동안 막 태어난 첫째 아기를 키우며 병원에서 약사로 일했던 당신, 눈물로 얼룩진 시간이었어요.

결국 개척을 포기하고 박사학위 공부에 전념할 때 1992년 장인 목사님의 소개로 메릴랜드 어느 교회에서 청빙을 받아 첫 이민목회를 시작했지요. 그때도 당신은 여전히 풀타임으로 일을 하며 목회를 도왔습니다. 그러다가 2년 후에 집에서 한 가정과 함께 현재의 교회를 새로 개척하며 함께 동역한 지가 어느덧 28년이 되었네요. 늘 기도하면서, 함께 의논하고 내린 나의 결정에 전적인 지지를 보내며 응원한 당신을 고맙게 생각하지요. 계속 일하면서, 세 자녀를 키우면서, 사모의 역할을 잘 감당해 주었기에 오늘의 교회로 설 수 있었네요. 물론 당신의 고백처럼 다 하나님의 은혜로 생각이 되어 그저 감사할 따름입니다. 당신은 연약한 몸으로 태어나서 무릎 신경통으로 송송 아파했고 또한 면역력이 약해 자주 김기몸살을 앓았지요. 당신이 진통제로 연명하며 이 시간까지 잘 감당한 것을 보면 정말 하나님의 은혜였습니다. 언젠가 독일 집회에 갔을 때 그 교회 한의사가 당신을 진맥하면서 피를 잘 만들어 내지 못하는 혈어증이 있는데 어떻게 세 아이를 낳았느냐고 기적이라고 했었는데 ….

당신이 아니었더라면 내가 이만한 목사로 설 수 없었을 것입니다. 고비마다 당신의 지혜와 내조로 잘 견디어 왔습니다. 위로가 되었습니다. 그리고 그동안 교인들로부터 여러 상처를 받을 때 견디어 준 당신에게 고맙게 생각합니다. 아마 우리 교회에서 나보다 당신이 더 인기가 많을 거예요. 자상하고 섬세하게 교인을 돌보며, 특히 아픈 사람이나 어려운 사람을 보면 기꺼이 자신을 희생하며 도왔던 당신이었으니 말입니다.

아마 당신은 다시 태어나도 사모를 해야 할 것이에요. 요즈음 더 성숙해진 당신을 보면서 잠언서 31장의 현숙한 여인의 모델이 되는 것 같아 칭찬과 격려를 보냅니다. 주님의 일을 앞세우며 가정을 돌보지 않았던 우리 아버지 세대의 목사님들과 달리 아내를 돕고, 자녀들을 돌보는 일에도 최선을 다하려고 노력했지만 부족함이 많았다고 생각해요. 마음을 아프게 한 적도, 울린 적도 있으니 미안합니다. 더 잘 이해하고, 더 관심을 기울여 당신을 사랑할 수 있었을 텐데 말입니다.

곱고 예쁘던 얼굴에 이제 주름도 많아지고, 검버섯도 커지고, 당신의 손과 발도 굳은살과 주름이 가득하여 일을 많이 한 표가 나서 보기가 안타깝고 민망합니다. 몸도 더 연약해져서 예전같이 집안일이나 교회 일이 빠르게 잘 안된다고 하는 당신의 고백을 들으면 마음이 짠해지네요. 나를 만나지 않고 더 나은 사람을 만났으면 덜 고생했을 텐데, 사모가 되지 않았더라면 덜 스트레스를 받았을 텐데 말이에요. 하지만 주님의 부르심에 순종하였기에 나중에 주님을 만나면 칭찬을 들을 거예요.

그래도 우리는 행복했던 시간이 많았고, 지금도 행복한 목회를 함께 이뤄가고 있다고 생각합니다. 우리 부부의 사랑도 예전보다 더 성숙한 사랑이라고 말할 수 있겠지요. 우리의 믿음도 예전보다 더 성숙했으니 당연히 그럴 것이라고 믿어요. 늘 당신에게 감사하는 남편임을 영원히 잊지 말아 주길 바라요.

회도 새 성전 건축을 앞두고 사탄은 그냥 있지를 않았다. 약 6개월 간을 사탄과 씨름하였다. 그럼에도 불구하고 교회는 새 성전 건축에 한마음으로 뭉친 성도들로 정리정돈이 되었고 차근차근히 진행되었다. 우리말 속담에 '개는 짖어도 기차는 간다'라는 말이 있듯이, 아무리 사탄이 공격을 해 와도 주님의 몸 된 교회는 이기고, 성장해 나갈 것으로 믿었다. 이유는 '하나님의 교회', 하나님께서 주인이 되시는 교회, 예수님이 머리가 되시는 교회이기 때문이다. 구속 역사 완성에 쓰임 받을 줄로 믿기 때문이다.

감사하게도 그동안 교회 모기지(Mortgage)를 다 갚았기에 새 성전 융자가 가능했고, 이웃들도 협조를 함으로 아무런 반대가 없이 건축 허가가 나왔다. 결국 2008년 4월 27일에 2만 5천 평방피트 가까이 되는 새 성전 착공 예배를 드렸다. 2년 안에 완공 예정이었으나, 경제 파동으로 인하여 건축비가 배로 올라가 공사가 중단되기도 했다.

사랑하는 큰딸에게 - 더욱 성숙한 믿음으로 서기를

신학대학원을 거의 마치면서 하나님께서 우리 부부에게 허락하신 첫아기의 기쁨으로 네 이름을 조이(Joy)라고 지었지. 6개월밖에 되지 않은 너를 데리고 한국에 돌아가 목사 안수를 받기도 했고, 갓난아기인 너를 데리고 교회를 개척해보겠다고 뉴저지로 이사를 하기도 했지. 여의치 않아서 다시 메릴랜드로 돌아와 한 살 된 너와 함께 첫 이민목회를 한 시간이 벌써 30년이 지났구나.

처음으로 아이를 키우게 되고, 양가 부모님이 멀리 계셔서 도와줄 수도 없고, 엄마와 아빠 둘이서 키우면서 무척 힘들었어. 되돌아보니 어떻게 영아나 유아를 기르는지 공부를 하지 않아서 그랬던 것 같다. 요즘 네가 아이를 낳아 키우는 것을 보니 말이다. 교회를 개척하면서 함께 자란 네가 대학을 졸업하고 집을 떠날 때가 엊그제 같은데 LA로 가서 그렇게 하고 싶던 석사 학위 공부를 USC에서 하게 되고, 대학 때부터 알던 신실한 청년과 결혼하여 가정도 꾸리고 아들과 딸을 낳고 직장생활도 하는 어엿한 여인으로 자랐구나.

교인들의 관심이 집중되는 목사의 딸로서 교회에서 눈총을 받으며 신앙생활을 하고, 대학교에서도 IVF 동아리 모임에서 찬양과 성경을 공부하며 사람을 좋아하는 성격이라 정말 많은 친구가 있었는데, 한편 사랑을 주다가 상처를 받아 아픈 경험을 나눈 적도 많이 있지. 그러면서 신앙은 성숙해져 가는 것이란다.

감사하는 것은 네가 LA로 이사를 하고 난 후에 잃어버린 영혼에 대한 열정이 커져서 전도하려고 하고, 그들을 집으로 초청하여 성경 공부를 함께하려고 하던 모습이었다. 좋은 개혁주의 미국 장로교회에 등록하고, 그 공동체의 일원으로서 형제, 자매들과 교제함으로 네가 영적으로 많은 유익을 얻은 것에 대해 하나님께 감사를 드린다. 믿지 않는 영혼들, 비성경적인 사유주의가 판치는 CA 사람들에 대하여 안타깝게 생각하는 믿음을 주신 하나님께 감사한다.

동생 둘에게 늘 관심과 사랑, 특히 그들의 영적인 성장을 위하여 기도하며 조언하는 것을 볼 때 자랑스럽다. 셋 중 가장 예쁘다고 자랑하듯이 마음도 예쁜 아브라함의 후손답게 이제는 하나님께서 주신 네 자녀들을 믿음으로 잘 양육하기를 바라고 기도한다. 더욱 성숙한 믿음으로 자라기 위해 더욱 겸손히 하나님과 사람 앞에 아름다운 그리스도의 향기를 드러내기를 바란다. 사랑한다, Joy!

사랑하는 둘째 딸에게 - 네 앞날을 선하게 인도하시길

네 엄마가 세 번이나 유산하고 너를 임신했을 때 이번에는 무사히 순산하게 해주시겠다는 믿음이 생겨서 페이스(Faith)라고 네 이름을 미리 정했었다. 언니와 다섯 살이나 차이가 나기에, 또한 언니를 키워보았기에 너를 기르는 데는 그리 많이 힘들었던 것 같지 않다. 다만 동생이 태어나고 셋 중 중간인 네가 "나는 아빠가 셋, 엄마도 셋이 있으면 좋겠다."라고 할 때 우리는 적지 않은 충격을 받았지. 그래서 그 이후 조금 더 신경을 써서 길렀어.

그래도 셋 중에서 가장 똑똑한 너는 공부하라는 말을 할 필요가 없을 만큼 스스로 공부를 잘해주었어. 언니나 동생처럼 운동도 열심히 하고. 네가 아이비리그 펜실베이니아대학교에 입학했을 때는 우리 모두 정말 기뻤어. 공부에 욕심이 많아서 그런지 대학교에서 아르바이트를 둘, 셋씩 하면서도 어느 과목이든지 시험을 보면 B+이나 혹은 A- 만 나와도 A를 못 받았다고 전화하며 투덜댔었지. 그러던 네가 결국 최우수상을 받으며 졸업을 하고, 졸업하기도 전에 뉴욕 맨해튼의 증권회사에 취직하게 되어 참 자랑스러웠다.

늘 교회를 사랑하고 도우려고 했던 너는 많은 교인에게 사랑을 받기도 했었지. 목사의 딸로서 늘 조심스럽게 행동했던 네가 아니었니. 언니를 따라 지금은 LA에서 더 좋은 직장을 찾아 진급도 하고, 그곳에서도 교회를 열심히 섬기면서 늘 아빠 교회에도 관심을 가지고 도우려는 네가 기특하다. 무엇보다도 우리와 같이 있을 때는 그렇지 않았던 것 같은데 LA로 이사 간 후 좋은 믿음의 친구들을 만나서 신앙생활을 잘하며, 제자 훈련도 받고, 매일 성경말씀을 읽고 기도하는 놀라운 변화를 보게 되어 하나님께 감사를 드린다. 아빠, 엄마와 함께 성경 읽기를 같이 하며 배우고 느낀 것을 매일 나누니 더욱 영적으로 성장하리라 믿는다.

또한 이제 믿음의 남자를 만나서 교제하게 되었으니 하나님의 뜻 가운데 하나님께서 네 앞날을 선하게 인도하실 줄 믿는다. 둘이 늘 말씀 안에서, 기도하면서, 열심히 교회를 섬기면서, 함께 하나님의 일을 할 수 있기를 바란다. 개혁주의 신앙으로 우리 가든교회에서 배우며 자란 네가 그 뿌리에서 큰 나무가 되어 많은 열매를 드려 하나님께 영광을 돌리기를 바라며 위하여 기도한다. 사랑한다, Faith!

사랑하는 셋째, 아들에게 – 복의 통로가 되기를

네가 이 세상에 태어난 것은 정말 뜻밖이었다. 아빠, 엄마가 계획을 하지 않았는데도 엄마가 임신을 했다고 해서 우리는 처음에 놀랐다. 아빠 나이가 40이었고, 엄마도 둘째를 힘들게 임신했었기 때문에 우리는 아이를 더 갖는 것은 포기했었지. 그런데 네가 태어났으니 정말 하나님이 주신 선물이었다. 딸이었으면 우리는 네 이름을 티모시(Timothy)가 아닌 호프(Hope)라고 하려고 했지. Joy, Faith, Hope, 이 세 이름이 서로 어울리는 것 같아서 말이다. 그런데 아들이라고 해서 사도 바울의 영적 아들 디모데를 생각해서 너를 그렇게 이름했다.

　막내라서 늘 누나 둘 아래서 구박만 받고 자랐기에 미안한 마음이 있다. 네가 아들이라고 편애하지 않으려고 애를 써서 그런 것 같다. 또 막내라서 그런지 눈치를 보고 자란 것 같아서 마음이 아프다. 무엇보다 어릴 때 종종 누나들에게 너를 맡겨 놓고 심방을 갔었기에, 학교에 다녀오면 늘 "아빠, 오늘 심방 있어요?" 하고 물었던 너에게 미안한 마음이다.

　목사의 아들이라는 데서 오는 스트레스를 주지 않으려고 교회 생활에서 네게 요구한 것은 별로 없었다. 네가 알아서 생각하고 좋을 대로 행동하기를 바랐던 것이다. 특히 운동을 좋아했던 너는 중학교 때 태권도를 시작했는데, 너무 좋아해서 "나는 태권도와 결혼했다"라면서 매일 도장에 가다시피 했어. 그 도장 역사상 가장 빨리 검정 벨트를 따게 되어 태권도 천재라고 관장님이 얘기했었는데, 검정 벨트를 따고서 대회에 나가 너보다 훨씬 장대한 선수와 경기하다가 그만 발차기에 머리를 맞는 바람에 약한 뇌진탕으로 쓰러졌지. 그 이후 태권도를 그만두게 되었지만, 고등학교에서는 농구에 매달려서 매일 밤 체육관에서 운동하고 새벽 2시에 들어왔었어. 공부를 하는 것인지 염려했는데, 운동 덕분인지 아빠와 달리 키가 커서 얼마나 감사한지. 물론 농구하다가 손도, 다리도 다치고 눈가가 찢기기도 해서 응급실에 데려간 적이 몇 번이나 있었지. 아들을 기르는 것이 딸 기르는 것과 얼마나 다른지 경험하게 해 줬다.

대학교에서 기계공학을 전공하고 졸업하여, 전공을 살려 혼다(Honda) 자동차를 만드는 공장에 취직하게 되어 하나님께 감사를 드린다. 고등학교 때는 나이키 운동화에 몰두하여 신제품 한정판이 나오면 어떻게 해서든지 사서 얼마 있다가 되팔며 용돈을 벌더니, 차 만드는 데에 관심이 있어서 기도했는데 하나님께서 응답을 해 주셨다. 그 회사에 들어간 것은 하나님의 은혜라고 네가 말했듯이, 이제 그 은혜를 갚으며 살기를 바란다.

오하이오 주에서 혼자 일하면서 살아서 외롭겠지만 늘 경건의 시간을 하며 하나님을 더욱 신뢰하고 의지하여, 때가 되면 영적으로 성숙하여서 너도 주님의 일을 감당할 수 있길 바란다. 아빠가 너무 늦게 너를 보았기에 네가 결혼할 때 아빠는 이미 세상을 떠날 거라고 했던 네가, 이제 믿음의 여자를 만나 결혼을 했으면 좋겠다. 그리고 셋 중에 가장 관대하여 후히 베풀기를 좋아하는 네가 평생을 그렇게 주는 자의 삶으로 복의 통로가 되기를 바라고 기도한다. 사랑한다. Timothy!